lonely planet

MI PRIMERA GUÍA DE ROMA

¡QUE EMPIECE LA AVENTURA!

por Alexa Ward

geoPlaneta
Av. Diagonal 662, 08034 Barcelona
www.geoplaneta.com www.lonelyplanet.es

Lonely Planet Global Limited
Lonely Planet Global Limited, Digital Depot,
The Digital Hub, Dublín D08 TCV4, Irlanda
www.lonelyplanet.com
Contacta con Lonely Planet en lonelyplanet.com/contact

Mi primera guía de Roma
1º edición en español – mayo del 2025
Traducción de *The Lonely Planet Kids Travel Guide of Rome*, 1º edición – mayo del 2025

La colección Lonely Planet Kids Travel Guides se ha producido en colaboración con el WonderLab Group, LLC.
Gracias a nuestra especialista en la ciudad, Abigail Blasi, y a la editora Rose Davidson.

Editorial Planeta, S.A.
Av. Diagonal 662-664, 7º, 08034 Barcelona (España)
Con la autorización para la edición en español de Lonely Planet Global Ltd, A.B.N. 36 005 607 983,
Lonely Planet Global Limited, Digital Depot, The Digital Hub, Dublín D08 TCV4, Irlanda

ISBN: 978-84-08-29604-1
Depósito legal: B. 15.828-2024
Impreso en Malasia – *Printed in Malaysia*

lonely planet

MI PRIMERA GUÍA DE ROMA

¡QUE EMPIECE LA AVENTURA!

por Alexa Ward

SUMARIO

FOTO: pedaleando hacia el Coliseo.

CÓMO USAR ESTE LIBRO

¿Buscas los postres más deliciosos o te chifla la naturaleza urbana? Quizá quieras visitar algunos lugares para jugar o descubrir la historia y los misterios de la ciudad. O, tal vez, todo ello. Cada capítulo está dedicado a un tema. Puedes leer la guía de principio a fin o ir leyendo solo los capítulos que te interesen. No olvides examinar cada página en busca de lugares, personas, datos curiosos y mucho más. Aquí tienes algunos de los aspectos más destacados de esta guía.

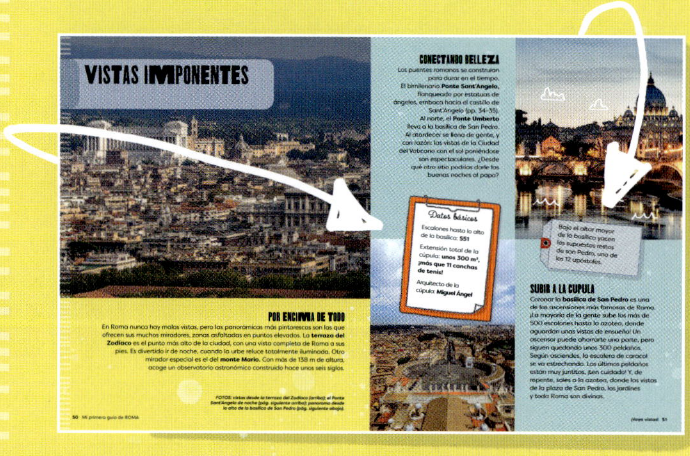
VISTAS IMPONENTES

POR ENCIMA DE TODO

En Roma nunca hay malas vistas, pero las panorámicas más pintorescas son las que ofrecen sus muchos miradores, zonas asfaltadas en puntos elevados. La **terraza del Zodíaco** es el punto más alto de la ciudad, con una vista completa de Roma a sus pies. Es divertido ir de noche, cuando la urbe reluce totalmente iluminada. Otro mirador especial es el del **monte Mario.** Con más de 138 m de altura, acoge un observatorio astronómico construido hace unos seis siglos.

FOTOS: vistas desde la terraza del Zodiaco (arriba); el Ponte Sant'Angelo de noche (pág. siguiente arriba); panorama desde lo alto de la basílica de San Pedro (pág. siguiente abajo).

50 Mi primera guía de ROMA

CONECTANDO BELLEZA

Los puentes romanos se construían para durar en el tiempo. El bimilenario **Ponte Sant'Angelo,** flanqueado por estatuas de ángeles, emboca hacia el castillo de Sant'Angelo (pp. 34-35). Al norte, el **Ponte Umberto** lleva a la basílica de San Pedro. Al atardecer se llena de gente, y con razón: las vistas de la Ciudad del Vaticano con el sol poniéndose son espectaculares. ¿Desde qué otro sitio podrías darle las buenas noches al papa?

Datos básicos

Escalones hasta lo alto de la basílica: **551**

Extensión total de la cúpula: **unos 300 m², ¡más que 11 canchas de tenis!**

Arquitecto de la cúpula: **Miguel Ángel**

Bajo el altar mayor de la basílica yacen los supuestos restos de san Pedro, uno de los 12 apóstoles.

SUBIR A LA CUPULA

Coronar la **basílica de San Pedro** es una de las ascensiones más famosas de Roma. ¡La mayoría de la gente sube los más de 500 escalones hasta la azotea, donde aguardan unas vistas de ensueño! Un ascensor puede ahorrarte una parte, pero siguen quedando unos 300 peldaños. Según asciendes, la escalera de caracol se va estrechando. Los últimos peldaños están muy juntitos, ¡ten cuidado! Y, de repente, sales a la azotea, donde las vistas de la plaza de San Pedro, los jardines y toda Roma son divinas.

¿Te gusta recopilar datos y estadísticas?

Fíjate en estos apartados.

Aquí tienes la traducción de unas cuantas palabras y expresiones que encontrarás en esta guía.

Ciao - Hola
Arrivederci - Adiós
Grazie! - ¡Gracias!
Andiamo! - ¡Vamos!
È divertente! - ¡Qué divertido!

¿Qué hace que esta ciudad sea tan inspiradora?

Lee "Epicentro de la historia" en pp. 70-81 o "Maravillas modernas" en pp. 82-93.

¿Tienes curiosidad por conocer los lugares más raros, extravagantes y desconocidos?

Lee "Secretos de la ciudad" en pp. 118-129.

¿Necesitas hacer algo mientras esperas un tren, autobús, avión o taxi?

Diviértete con "Encuentra las diferencias" en pp. 130-133.

¡BIENVENIDOS A ROMA!

¡He aquí la Ciudad Eterna!

En la capital italiana los adoquines cubren las viejas calles por las que pasaban las cuadrigas. A orillas del río Tíber, Roma vive y se despliega por sus famosas siete colinas.

El Centro Storico (centro histórico), corazón de la ciudad, rebosa historia por todos los poros. Visita el Coliseo, donde se batían en duelo los gladiadores. Pide un deseo mientras lanzas una moneda a la Fontana di Trevi. Y, de noche, recorre sus muchas *piazzas*. En Roma encontrarás todo esto y mucho más. ¡Tu aventura empieza ya!

FOTO: Foro Romano.

LA CIUDAD ETERNA

El famoso poeta Virgilio, nacido en el año 70 a.C., definió Roma como "un imperio sin fin". Si bien el Imperio romano cayó en el 476 d.C., la ciudad sobrevivió y se reinventó a lo largo de algunos de los períodos más oscuros de la historia de la humanidad. Su apodo, la Ciudad Eterna, refleja el sentir de los romanos de que su ciudad vivirá para siempre.

PARA ORIENTARTE

BIOPARCO
CASINA DELLE CIVETTE
FONTANA DI TREVI
MUSEO DE LAS ILUSIONES
FORO ROMANO
COLISEO
ARCO DE CONSTANTINO
TERMAS DE CARACALLA
SUIZA
AUSTRIA
HUNGRÍA
ESLOVENIA
CROACIA
ITALIA
FRANCIA
BOSNIA Y HERZEGOVINA
MAR DE LIGURIA
MAR ADRIÁTICO
ROMA
MAR TIRRENO
MAR JÓNICO
MAR MEDITERRÁNEO
ARGELIA
TÚNEZ

MUCHOS 'RIONI'

Roma fue la primera ciudad del mundo en alcanzar el millón de habitantes. Hoy está formada por 22 *rioni* (distritos), cada uno con un emblema distinto. ¡Roma, además, es la única ciudad del planeta que alberga otro país en su interior! La Ciudad del Vaticano es el país más pequeño del mundo por población y superficie. Cada rincón del centro histórico, que abarca varios *rioni*, rezuma siglos de historia. Roma, se vaya adonde se vaya, ofrece mucho que explorar.

FOTOS: plaza de San Pedro en la Ciudad del Vaticano (abajo); jardines Farnesio (pág. siguiente arriba); Foro Romano (pág. siguiente abajo).

LUDOVISI
SALLUSTIANO
CAMPO MARZIO
CASTRO PRETORIO
COLONNA
TREVI
ONTE
PARIONE
SANT'EUSTACHIO
PIGNA
MONTI
REGOLA
SANT'ANGELO
ESQUILINO
CAMPITELLI
CELIO
TRASTÉVERE
RIPA
SAN SABA
TESTACCIO

CONOCE EL METRO

Unas grandes señales rojas con la letra M indican las bocas del metro de Roma. Se empezó a construir en 1937, pero la II Guerra Mundial retrasó las obras. La primera línea se abrió en 1955. Hoy, con más de 70 estaciones, 3 líneas y 60 km de vías por toda la ciudad, quizá sea la red de metro más pequeña de Europa, aunque igualmente ayuda a que los viajeros lleguen a los lugares de interés. ¡Todos a bordo!

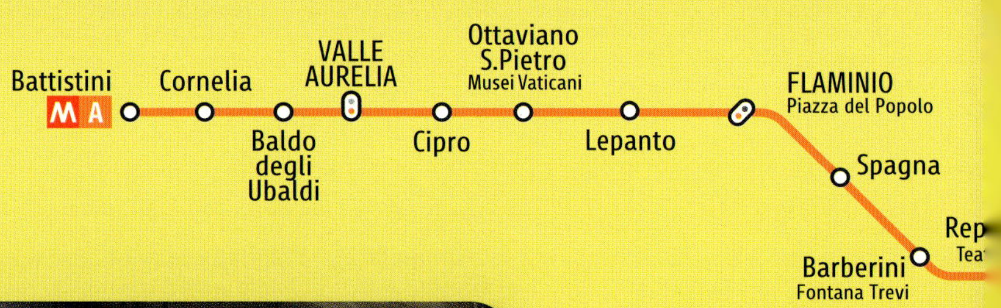

Las líneas de metro se diferencian por la letra y el color: A (naranja), B (azul) y C (verde).

FOTOS: vagones en una estación de metro (arriba); señal de la boca del metro (abajo); gente esperando en la parada (pág. anterior).

CÓMO MOVERTE POR LA CIUDAD

FOTO: vista del Coliseo.

CIAO

TODOS LOS CAMINOS LLEVAN A ROMA

"Andando, que es gerundio". Si te suena esta expresión, te estás convirtiendo en experto en uno de los mayores patrimonios de la ciudad: sus calzadas.

¿Pero qué tiene de especial una calzada? Para los romanos, estas vías propiciaron unos niveles de comunicación, comercio y dominación revolucionarios. Los constructores romanos desbrozaban la tierra y colocaban las piedras a mano, empezando por la Vía Apia (pp. 74-75) en el 312 a.C.

En tus paseos por la Ciudad Eterna pasarás por los mismos caminos que lo hicieron los antiguos peregrinos y comerciantes, así como los soldados y nobles que montaban en cuadriga o carro. ¿Te duelen los pies? Desvíate hacia el **Pabellón de las Carrozas** de los Museos Vaticanos (véase pp. 78-79) y descubre algunos de estos antiguos vehículos a tamaño real.

FOTO: paseante por la Vía Apia.

PIEDRAS MILIARES

La milla romana, equivalente a 1000 pasos o 5000 pies romanos, sentó las bases de la milla moderna. Los constructores de calzadas colocaban hitos de piedra en las vías principales; estas marcas estaban talladas con información sobre la distancia que habían recorrido ya los viajeros.

SOBRE RUEDAS

ZONA RESERVADA

¿Ves la señal del círculo rojo? Indica "Zona a Traffico Limitato" (ZTL; "zona de tráfico limitado"). Se trata de áreas donde está prohibida la circulación de vehículos para reducir la contaminación y los atascos. Sin coches, la gente pasea más tranquila y, además, se preservan mejor las calles históricas y los extraordinarios yacimientos.

En la antigua Roma el tráfico se puso tan mal que Julio César prohibió el uso de carros de caballos durante el día.

¡TAXI!

Los taxistas usan su pericia para surcar las callejas del casco antiguo en sus vehículos blancos, a menudo por zonas ZTL, que suelen ser la excepción a la regla de restricción de tráfico. No hace falta llamarlos levantando la mano: por todas partes hay paradas donde los usuarios pueden montarse. A veces habrá que esperar un poco; ¿y si aprovechas para tomarte un helado por ahí cerca?

AUTOBUSES EN ABUNDANCIA

Roma tiene más de 330 líneas de autobús, que circulan de 5.00 a 24.00. ¿Y qué hace la gente entre las 24.00 y las 5.00? Bueno, ¡también hay autobuses nocturnos! Veinte, para ser exactos. Circulan desde las 24.00 hasta primera hora de la mañana, mientras los demás medios de transporte están en las cocheras. Con 8260 paradas, los autobuses conforman la red de transporte más extensa de la ciudad.

Antes del transporte moderno, se tardaba unos 60 días en ir de Tarraco (Tarragona) a Roma en carreta de bueyes.

VIAJES ELÉCTRICOS

Una forma divertida de desplazarte por la ciudad es con un circuito en *tuk tuk* eléctrico o en carrito de golf, para acercarte a los monumentos más famosos. Planea bien el recorrido, ¡así no te dejarás nada por ver! El conductor también será tu guía y te explicará los lugares según los visites. ¡Disfruta de un fantástico paseo mientras descubres cosas nuevas de la Ciudad Eterna!

FOTOS: autobuses públicos (arriba); tuk tuk eléctrico (dcha.); señal de ZTL (pág. anterior arriba); fila de taxis (pág. anterior abajo).

¡TODOS A BORDO!

La Direttissima, el primer tren de alta velocidad de Europa, une Florencia con Roma. Alcanza los 250 km/h.

SUBE AL TRANVÍA

Los encantadores tranvías de Roma operan en seis líneas por la ciudad. Estos no circulan por el centro ni pasan por muchos lugares turísticos, pero para descubrir otros *rioni* de la ciudad, ¡serán como tu cuadriga personal! En el precioso barrio del Trastévere, muy animado, te podrás mezclar con los lugareños. No hay que perderse las *vicoli* (callejas) adoquinadas ni las deliciosas pizzerías. Cuatro líneas de tranvía convergen en Porta Maggiore, donde se halla una de las puertas mejor conservadas de las murallas aurelianas, que fueron levantadas hace más de 2000 años para defender Roma de los invasores.

***FOTOS:** tranvía detenido en el barrio de Prati (arriba); estación Termini (pág. siguiente arriba); yacimientos arqueológicos dentro de una parada de metro (pág. siguiente abajo).*

MAS ALLÁ DEL METRO

Para viajar rápidamente hasta donde el metro no llega, usa el **Ferrovie Urbane,** es decir, el ferrocarril urbano. La línea Roma-Lido, también llamada Metromare, transporta a 90 000 pasajeros cada día; muchos se dirigen a Lido di Ostia, el barrio costero de la capital, para darse un refrescante baño.

Datos básicos

Longitud de la red: **60 km**

Número de líneas: **3**

Estación más concurrida: **Termini**

EN OBRAS

Pese al tamaño de Roma, su red de metro es una de las más pequeñas de Europa. Y es que la ciudad no se presta precisamente a la excavación de túneles. ¿Por qué? Porque los obreros no paran de desenterrar ruinas. Y estos hallazgos requieren suma atención, lo que ralentiza las obras. Durante la construcción de una nueva línea en el 2013, ¡hallaron una casa entera a 12 m bajo tierra! Perteneció a un mando militar. Lo bueno es que algunas piezas acaban integrándose en el diseño de la red; por ejemplo, en la estación de San Giovanni se exponen monedas, una bañera de piedra y huesos de melocotón hallados durante las obras.

AVENTURAS A PIE

UN SINFÍN DE OPCIONES

Dedicar un día entero a pasear por Roma es como repasar milenios de historia, arte y cultura. Camina por la Vía Apia (pp. 74-75), haz una búsqueda de antiguos acueductos y adéntrate en las sombrías catedrales en busca de obras maestras ocultas. Pero concédete también descansos en alguna *piazza* para tomarte una refrescante *acqua frizzante* (agua con gas) mientras atraviesas este laberinto urbano. ¡Y no te olvides de echar una moneda en alguna fuente para tener suerte!

Cuenta la leyenda que Jesús, el día de su muerte, subió los 28 peldaños de la Scala Sancta (Escalera Santa), situada a 30 min a pie de Piazza del Campidoglio.

CUESTA ARRIBA

Visitar Roma a pie no es solo deambular, a veces el camino se empina, y mucho. Los músculos de las piernas deben estar listos para remontar todo tipo de cuestas, torres y escaleras. Cada pendiente tiene su historia, como la escalinata de **Piazza del Campidoglio,** proyectada por Miguel Ángel con una anchura especial para poder subirla a caballo.

***FOTOS:** Arco de Constantino (arriba); escalinata de Piazza del Campidoglio (abajo).*

VIAJES INSÓLITOS

¡BROM, BROM!

Desde papamóviles hasta carros, son muchos los tipos de vehículos que han circulado por las calles de Roma a lo largo de la historia. Verás que hoy son más pequeños. Los romanos suelen conducir coches diminutos, como el emblemático MINI Cooper o el Fiat 500, así como biplazas eléctricos más nuevos. También verás pequeñas camionetas de tres ruedas usadas para el reparto, a menudo de productos frescos. Se trata del Piaggio Ape, llamado así por el zumbido de su motor (*ape* significa "abeja"). El servicio italiano de correos aún usa uno de sus modelos para zumbar por el laberinto romano.

El PAPAMÓVIL

¿Cómo saluda el papa a las multitudes? Antiguamente, sus asistentes lo paseaban en una silla llamada *sedia gestatoria*. Hoy la sustituye el papamóvil, un coche, camión o todoterreno de diseño exclusivo.

En el Museo Piaggio, situado en el norte de Italia, se exponen más de 350 modelos de motocicletas.

VESP-AAH

¿Qué es eso que ha pasado zumbando? En Roma hay motos por doquier, pero para romana, la Vespa ("avispa", en italiano). La emblemática motocicleta, un invento italiano, tiene una historia increíble. Con las carreteras en ruinas tras la II Guerra Mundial, los coches circulaban con dificultad. La gente necesitaba un transporte eficiente mientras se reconstruía el país, y un antiguo fabricante de aviones creó el escúter como solución.

***FOTOS:** familia en un pequeño utilitario (arriba); Vespa clásica (dcha.).*

LUGARES DIVERTIDOS

FOTO: parque acuático situado a 1 h del centro de Roma.

MAXIBON

AL AIRE LIBRE

UNA FORTALEZA DIVERTIDA

Unos ángeles de piedra atraen a los visitantes hasta el **castillo de Sant'Angelo.** Originalmente mausoleo del emperador Adriano, luego se convirtió en cárcel y más tarde, en fortaleza. Explora los baluartes, los oscuros pasadizos y las hileras de cañones que antaño protegían el lugar de las invasiones. El castillo está rodeado por el Parco Adriano (5 Ha aproximadamente), que incluye un parque infantil donde puedes escenificar las cruentas batallas que allí se lidiaron, ¡o simplemente columpiarte!

En el recinto de las Termas de Caracalla también hay una biblioteca pública.

El Passetto di Borgo es un corredor que comunica el Vaticano con el castillo de Sant'Angelo, antigua fortaleza papal.

Datos básicos

Año de construcción: **139 d.C.**

Cenizas de emperadores en su interior: **9**

Longitud del Passetto: **800 m**

¡COMO PEZ EN EL AGUA!

Las asombrosas ruinas de las Termas de Caracalla muestran la importancia de los baños en la cultura romana. El complejo de termas tenía dos *palaestrae* (gimnasios), un *frigidarium* (sala fría), un *tepidarium* (sala tibia), un *caldarium* (sala caliente), vestuarios y muchos más espacios para socializar y relajarse. Aunque ya no es posible bañarse, unas gafas VR (realidad virtual) permiten ver cómo era el recinto en la Antigüedad. En las termas cabían hasta 1600 personas y ¡estuvieron en funcionamiento más de 300 años!

***FOTO:* camino al castillo de Sant'Angelo (arriba); restos de las Termas de Caracalla (abajo).**

DIVERSIÓN EN LA 'PIAZZA'

La *piazza,* o plaza, es un pilar de la cultura romana. Los foros de la Antigüedad han sido centros de comercio, culto y cultura durante siglos. **Piazza del Popolo** (plaza del Pueblo), la más famosa de Roma, se proyectó como principal entrada norte a la ciudad en el s. XVI. El gigantesco obelisco Flaminio, uno de los 13 pilares del Antiguo Egipto que hay repartidos por toda la urbe, se alza en el centro de la misma. Verás, además, estatuas "vivientes" o espectáculos de burbujas para entretener a los paseantes. Desde la cercana **colina del Pincio** puedes contemplar el ajetreo de la plaza desde lo alto.

La animada **Piazza Navona,** otra plaza emblemática de Roma, se trazó encima de un antiguo estadio donde los romanos asistían a competiciones deportivas. Hoy puedes ver a artistas callejeros, músicos ¡y hasta tragafuegos! Y tampoco puedes perderte las hadas, duendes y muñecas de **Al Sogno,** una juguetería con más de 75 años de historia.

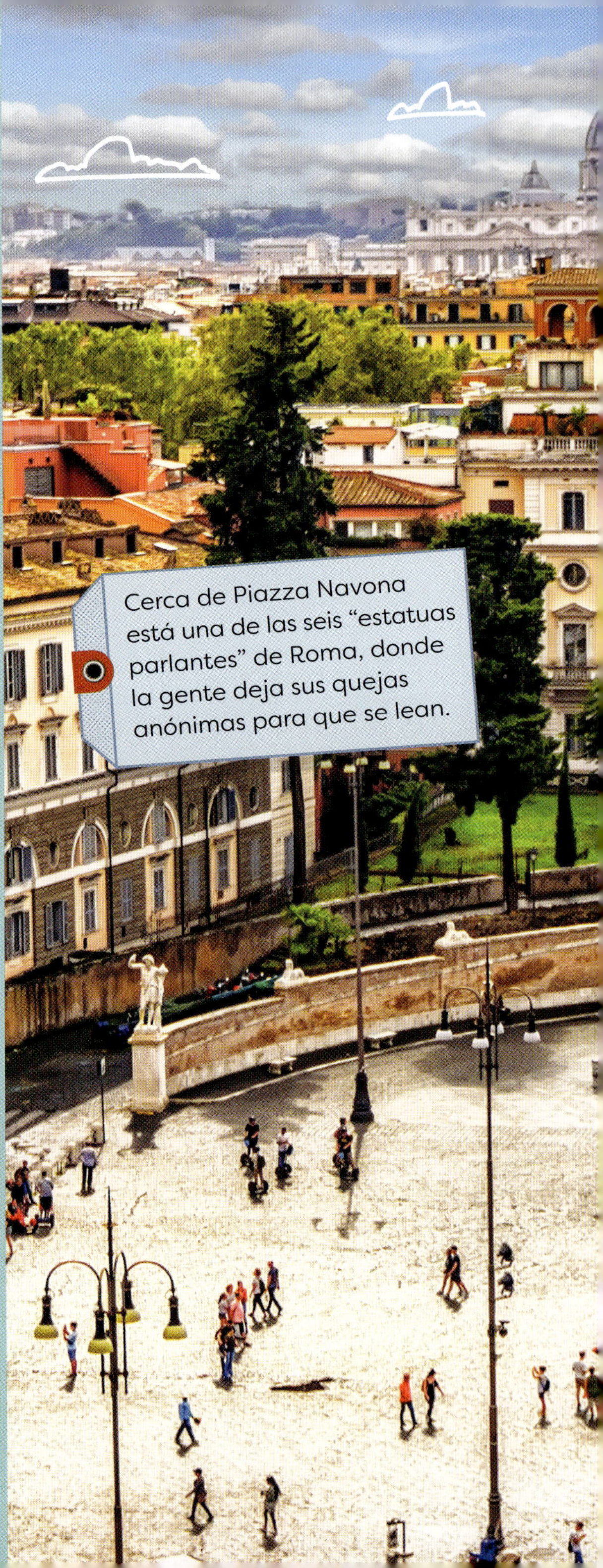

Cerca de Piazza Navona está una de las seis "estatuas parlantes" de Roma, donde la gente deja sus quejas anónimas para que se lean.

FOTO: vista de Piazza del Popolo.

PASEO VESPERTINO

Las *piazzas* son el corazón de una tradición italiana: la *passeggiata*, o paseo vespertino. Al atardecer, en las plazas empiezan a escucharse las agradables cháchara y risas de los allí reunidos. ¡Súmate al espectáculo con un delicioso paseo!

Datos básicos

Aforo de Piazza del Popolo: **más de 65 000 personas**

Altura del obelisco: **26 m**

Altura del obelisco con la cruz: **36 m**

MUSEOS INCREÍBLES

EL REINO DE LOS NIÑOS

Explora, el museo romano para los niños, ocupa una vieja cochera de autobuses de 1877. Hoy, el edificio rebosa de actividades interactivas, como la exposición "Plástico valioso", donde podrás transformar residuos plásticos en objetos nuevos mediante una impresora 3D. Más de 140 000 personas lo visitan cada año para trepar, crear ¡y pasárselo bomba!

MÁQUINAS MAESTRAS

En el **Museo Mostra di Leonardo** podrás experimentar el genio de Da Vinci en primera persona. Hay más de 60 inventos interactivos, creados a partir de sus apuntes, como tanques de madera, ballestas y un par de alas gigantes diseñadas para que volaran las personas. Unos vanguardistas hologramas te explican el funcionamiento de todo. ¡Seguro que saldrás con alguna idea brillante!

EL ICÓNICO IKONO

Junto al Panteón (p. 72) se encuentra el modernísimo **IKONO Roma.** No hay ni frescos ni estatuas, ¡pero sí una piscina de bolas! Entra y déjate llevar por los artísticos neones, el torbellino de colores y los montones de confetis. La experiencia inmersiva dura más o menos 1 h, una opción perfecta para resguardarse del mal tiempo o liberar energía extra.

En las ruinas arqueológicas del Palazzo Valentini, ponte los auriculares y visita una antigua *domus* recreada con proyecciones.

MARAVILLOSO RECIBIMIENTO

La experiencia **Welcome to Rome** te da la bienvenida oficial a la ciudad. Este increíble relato de la historia de Roma es una excelente primera parada en tu visita. En un acogedor cine verás una peli en 4D proyectada por las paredes, el suelo y el techo. El vídeo inmersivo te hará revivir 2700 años de historia... ¡en solo 30 min!

FOTOS: persona en una piscina de bolas (arriba); fila de asientos vacíos en una sala (dcha.); una niña en Explora (pág. anterior arriba); apuntes de Leonardo da Vinci (pág. anterior abajo).

¡AL AGUA PATOS!

OLAS INCREÍBLES

Los romanos adoran el agua, algo más que evidente en **Hydromania,** un parque acuático situado a las afueras de la ciudad, al oeste. El lugar cuenta con distintas zonas de baño (una piscina casi olímpica incl.). También hay toboganes altos, una piscina de olas, "embudos" y muchas más atracciones húmedas, desde relajantes hasta adrenalínicas. Juega con los chorros de la Roca de las Sirenas, en el centro de la laguna, o con el pez Jimmy, un divertido personaje que tira cubos de agua (¡cuidado!).

Datos básicos

Número de atracciones: **más de 20**

Toboganes de agua: **6**

Tamaño de la zona de baño: **2500 m², más del doble que una piscina olímpica**

Datos básicos

Número de visitantes anuales: **220 000**

Número de toboganes de agua: **8**

Piscina más grande: **25 x 12 m**

LunEur es el parque de atracciones más antiguo de Italia.

¡CONSIGUE TU ENTRADA!

Visita el mundo mágico de **LunEur,** el principal parque de atracciones de Roma. Clásicos como el tren oruga o las tazas giratorias son solo el principio de una aventura fantástica. ¿Has visto la cúpula de San Pedro desde lo alto de la noria? El parque, también llamado Jardín de las Maravillas, cambia a lo largo del año, con atracciones espeluznantes de Halloween en otoño y pista de patinaje sobre hielo en invierno. Obviamente, como genuino parque romano, tiene atracciones acuáticas, ¡como la zona de chorros y de tumbonas en verano!

***FOTOS:** gente divirtiéndose en el parque acuático (arriba); vista aérea del LunEur (izda.).*

¡PREPARADOS!

A SUS PUESTOS

El **Foro Itálico** es un extenso complejo deportivo con cuatro estadios. A los fans del tenis les encantará la cancha del Stadio Centrale. A la vuelta de la esquina está el Stadio Olimpico di Nuoto, de natación. Construido para las Olimpiadas de Verano de 1960, los nadadores acceden a la piscina a través de un túnel. Luego está el Stadio dei Marmi, una pista de atletismo donde se entrenaba la élite del deporte italiano. Pero la palma se la lleva el Stadio Olimpico, ¡el campo de fútbol con aforo para 70000 auténticos forofos!

Los obeliscos que antaño se elevaban en la *spina* (centro de la pista) del Circo Máximo se trasladaron a Piazza del Popolo y Piazza San Giovanni.

SUPERCARRERAS DE CUADRIGAS

¡Este no es un circo cualquiera! El **Circo Máximo** fue la mayor pista de carreras de Roma, con un aforo para 250 000 personas, ¡el cuádruple que el Coliseo! También es la arena romana más antigua, construida casi 600 años antes que el Coliseo. En su apogeo, los carros pasaban zumbando ante los jubilosos espectadores. ¡Hoy puedes subir la torre medieval o correr por la pista!

***FOTOS:** el Foro Itálico desde lo alto (arriba); ilustración histórica del Circo Máximo (izda.).*

EL TÍBER A TOPE

Datos básicos

Longitud de la isla: **271 m**

Ancho de la isla: **67 m**

Puentes a tierra firme: **Ponte Cestio, Ponte Fabricio**

Se cree que el Ponte Fabricio, que lleva a la isla Tiberina, es el más antiguo de Roma. ¡Gran parte de la estructura lleva en pie más de 2000 años!

¡TIERRA A LA VISTA!

La historia de la pequeña **Isola Tiberina** (isla Tiberina) está repleta de mitos y leyendas, como la de que se formó cuando unos furiosos romanos echaron al río el trigo de un tirano. O la historia de un legendario viaje en barco que inspiró a los primeros romanos a construir la isla con forma de nave, ¡con un obelisco como mástil! En total, la islita mide como tres campos de fútbol juntos. Durante miles de años los enfermos acudían aquí para recuperarse. Muchos creían que las aguas del pozo de su iglesia milenaria eran milagrosamente curativas.

***FOTOS:** "proa" de la isla Tiberina (arriba); gente comiendo al aire libre en el gueto judío (pág. siguiente arriba); puestos del Lungo il Tevere (pág. siguiente abajo).*

REFUGIO HISTÓRICO

La comunidad judía de Roma es una de las más antiguas de Europa. El **gueto judío,** situado entre el río Tíber y Piazza Venezia, está lleno de panaderías y restaurantes con sabrosísimos platos, como la *pizza ebraica* (un pan con pasas), las alcachofas fritas (p. 65) y la *crostata* de requesón y guindas; ¡algunos solo podrás probarlos en este barrio! También puedes visitar el Tempio Maggiore (Gran Sinagoga), construido hace más de 120 años.

A LO LARGO DEL TÍBER

El estival **Lungo il Tevere** se celebra a orillas del río de junio a septiembre, de ahí el nombre, que significa "a lo largo del Tíber". Es un evento al aire libre y ofrece un montón de juegos, música, teatro, artesanía y chisporroteante comida callejera. Y para refrescarse, una *grattachecca,* que es como un granizado con trocitos de fruta (p. 69). La diversión nocturna está asegurada, y casi todo el programa es nocturno.

¡VAYA VISTAS!

FOTO: amanecer en la basílica de San Pedro.

COLINAS EMOCIONANTES

Al este del río Tíber se apiña un conjunto de colinas: Aventino, Celio, Capitolino, Esquilino, Palatino, Quirinal y Viminal. Son las siete colinas de Roma, las *Sette Colli.* La ciudad antigua nació en estas suaves lomas onduladas, que constituyen una pieza esencial de la historia y la cultura romanas.

Cada colina es como un museo viviente, con maravillas únicas. La del **Esquilino** ofrece unas vistas magníficas del Coliseo, mientras que la del **Capitolino** alberga unos antiguos jardines empinados y Piazza del Campidoglio (pp. 28-29) de Miguel Ángel. Luego está la del **Palatino,** donde –según el mito– los gemelos Rómulo y Remo fundaron la Ciudad en el año 753 a.C. Hoy, la colina acoge un laberinto de tesoros, incluidos frescos y el primer jardín botánico de Europa. Cerca se hallan las ruinas del **Foro Romano.** Antiguamente, un bullicioso núcleo de gente y actividad, el foro era el centro neurálgico del antiguo Imperio romano.

FOTOS: vistas de las colinas del Palatino y el Foro Romano.

La basílica de San Clemente, entre los montes Celio y Esquilino, es una iglesia sobre otra, y más abajo aún hay un misterioso templo donde resuena un caudaloso río.

UNA PAREJA PROBLEMÁTICA

Cuenta la leyenda que un rey local ordenó que los pequeños gemelos Rómulo y Remo fueran abandonados a su suerte, pues le habían reclamado el trono, lo que suponía una amenaza para su autoridad. Pero Tiberino, dios del río, les perdonó la vida. Luego, crecieron, derrocaron al monarca y se propusieron crear su propia ciudad. Lástima que no se llevaran bien. Rómulo quería construirla en la colina del Palatino, pero Remo prefería la del Aventino. Así, Rómulo mató a su hermano y fundó la ciudad... a la que llamó Roma, claro.

En los albores del Imperio romano, el Palatino albergaba el hogar del emperador. ¡De ahí deriva la palabra "palacio"!

VISTAS IMPONENTES

POR ENCIMA DE TODO

En Roma nunca hay malas vistas, pero las panorámicas más pintorescas son las que ofrecen sus muchos miradores, zonas asfaltadas en puntos elevados. La **terraza del Zodíaco** es el punto más alto de la ciudad, con una vista completa de Roma a sus pies. Es divertido ir de noche, cuando la urbe reluce totalmente iluminada. Otro mirador especial es el del **monte Mario.** Con más de 138 m de altura, acoge un observatorio astronómico construido hace unos seis siglos.

***FOTOS:** vistas desde la terraza del Zodíaco (arriba); el Ponte Sant'Angelo de noche (pág. siguiente arriba); panorama desde lo alto de la basílica de San Pedro (pág. siguiente abajo).*

CONECTANDO BELLEZA

Los puentes romanos se construían para durar en el tiempo. El bimilenario **Ponte Sant'Angelo,** flanqueado por estatuas de ángeles, emboca hacia el castillo de Sant'Angelo (pp. 34-35). Al norte, el **Ponte Umberto** lleva a la basílica de San Pedro. Al atardecer se llena de gente, y con razón: las vistas de la Ciudad del Vaticano con el sol poniéndose son espectaculares. ¿Desde qué otro sitio podrías darle las buenas noches al papa?

Bajo el altar mayor de la basílica yacen los supuestos restos de san Pedro, uno de los 12 apóstoles.

Datos básicos

Escalones hasta lo alto de la basílica: **551**

Extensión total de la cúpula: **unos 300 m², ¡más que 11 canchas de tenis!**

Arquitecto de la cúpula: **Miguel Ángel**

SUBIR A LA CUPULA

Coronar la **basílica de San Pedro** es una de las ascensiones más famosas de Roma. ¡La mayoría de la gente sube los más de 500 escalones hasta la azotea, donde aguardan unas vistas de ensueño! Un ascensor puede ahorrarte una parte, pero siguen quedando unos 300 peldaños. Según asciendes, la escalera de caracol se va estrechando. Los últimos peldaños están muy juntitos, ¡ten cuidado! Y, de repente, sales a la azotea, donde las vistas de la plaza de San Pedro, los jardines y toda Roma son divinas.

OBRAS MAESTRAS

CONOCE A DIOSES Y GLADIADORES

¡Esta es tu ocasión de codearte con lo más valeroso y audaz de Roma! Los tres edificios que conforman los **Museos Capitolinos** alojan estatuas, mosaicos de azulejos y montones de figuras mitológicas. Saluda a la estatua de Medusa, un monstruo con serpientes por pelo, o al enorme busto del emperador Constantino. ¡Y a ver si encuentras la colosal escultura de su pie!

Dicen que Bernini se inspiró en su propio rostro para la escultura *David*, que retrata al rey matando a Goliat.

MÁRMOL MÁGICO

La **Galleria Borghese** es una parada fija si quieres ver estatuas y frescos increíbles inspirados en los héroes, monstruos y dioses de la mitología grecorromana. La galería acoge varias esculturas sorprendentemente realistas de Gian Lorenzo Bernini (pp. 92-93). Mira en las esquinas más altas de muchas salas y te llevarás una sorpresa. ¡Algunas caras de monstruos no te quitan ojo!

MUSEO A TODA MÁQUINA

A lo largo de la historia, muchas construcciones romanas han adoptado nuevos usos, como ocurre con este sitio modernizado. La **Centrale Montemartini** es una central eléctrica convertida en un original museo. Es estimulante contemplar piezas antiguas, como estatuas griegas y romanas de mármol, entre turbinas, enormes motores diésel y grandes calderas. No te pierdas el altar de mármol y metal.

La Centrale Montemartini incluye un tren restaurado del s. XIX que diseñaron como papamóvil para Pío IX.

A LA CAZA DEL TESORO

¿Te duele el cuello de tanto mirar estatuas altas? Cambia de rumbo y dirígete al **Palazzo Massimo alle Terme.** Este antiguo palacio, además de impresionantes mosaicos, habitaciones con frescos y bronces, está repleto de joyas y antiguas monedas romanas en el sótano. En el pasado las monedas eran como las redes sociales: los emperadores popularizaban así su imagen, riqueza y poder ante el pueblo.

***FOTOS:** estatua descabezada en la Centrale Montemartini (arriba); monedas romanas antiguas (dcha.); bustos antiguos en los Museos Capitolinos (pág. anterior arriba); esculturas de Bernini en la Galleria Borghese (pág. anterior abajo).*

ARTE EN LA CALLE

La mayoría de las estatuas estaban pintadas de colores llamativos, pero con el tiempo se han descolorido.

PASEO DE LA FAMA

Busca las estatuas de algunos de los iconos más antiguos de la ciudad mientras estiras las piernas. A ver si encuentras al emperador y filósofo Marco Aurelio en Piazza del Campidoglio (pp. 28-29). O, por **Via dei Fori Imperiali,** al general romano y autoproclamado dictador Julio César, famoso por revolucionar la escena política durante la República. Gobernantes, artistas y líderes religiosos te aguardan en cada *piazza*.

***FOTOS:** estatua de Marco Aurelio en Piazza del Campidoglio (arriba); escultura gigante de un pie con sandalia (pág. siguiente arriba); artística decoración en el barrio de San Lorenzo (pág. siguiente abajo).*

PIE GIGANTE

Escondido en un callejón cerca del Panteón, próximo a Via del Piè di Marmo, hallarás la escultura de un pie gigante con sandalia. El **Piè di Marmo** ("pie de mármol"), de 1,2 m de largo, formaba parte de una estatua que, según los arqueólogos, ¡mediría 7,6 m de alto! En 1878 lo trasladaron desde su ubicación original hasta la posición actual, pues obstaculizaba el cortejo fúnebre del rey Víctor Manuel II.

ARTE POR DOQUIER

Durante siglos, la gente ha dejado señales de su paso por la ciudad. El arte callejero romano se presenta de múltiples formas, desde grabados en catacumbas hasta modernos murales. Hoy, el barrio de San Lorenzo es el corazón del arte urbano. Haz un circuito con un guía local o apúntate a una clase de mosaicos. ¡También puedes descubrir este museo al aire libre por tu cuenta, descargándote el mapa gratis con las obras del barrio!

AVENTURAS SUBTERRÁNEAS

EXPLORA LAS CATACUMBAS

Como los romanos tenían prohibido enterrar a los muertos dentro de la ciudad, ¡se pusieron a construir catacumbas! Extramuros, claro. Las **catacumbas de Roma** son un compendio de intricados cementerios subterráneos con largos túneles, tumbas sencillas y majestuosos mausoleos. Explorarlas resulta espeluznante pero divertido. Estos museos bajo tierra se consideran importantes sepulturas de los primeros cristianos, con ejemplos de arte religioso y grafitos antiguos plasmados por los peregrinos visitantes. También hay tumbas hebreas y paganas, por lo que son una muestra de la multiculturalidad de Roma.

Datos básicos

Cantidad de restos distintos: **4000**

Número de cámaras: **6, incluida la cripta de las calaveras, la de las pelvis y la de los fémures**

Datos básicos

Número de catacumbas romanas: **60**

Número de ellas abiertas al público: **5**

Edad de las más antiguas: **más de 2000 años**

ARTE MACABRO

Uno de los lugares más escalofriantes de Roma se esconde bajo una iglesia católica en Vía Véneto; se trata de una cámara funeraria subterránea repleta de calaveras, esqueletos con peculiares túnicas y techos decorados con huesos. Es la **cripta de los Capuchinos,** o "capilla de los huesos", que fue construida en la década de 1630 por unos frailes capuchinos que llegaron a Roma para fundar una nueva orden y se trajeron los restos de sus difuntos. ¿Por qué convirtieron los huesos en arte? Medita sobre este misterio mientras contemplas los osarios. Dicen que los frailes de la iglesia visitan la cripta cada noche para rezar. ¡Vaya rutina antes de acostarse!

***FOTOS:** visitantes en las catacumbas de Roma (arriba); dentro de la cripta de los Capuchinos (izda.).*

¡A COMER!

FOTO: niño almorzando en una terraza.

TRADICIONES DELICIOSAS

EL MENÚ

Una comida italiana típica consta de varios platos: *aperitivo* y *antipasti* (entremeses); el *primo*, que suele ser pasta, *risotto* o sopa; y el *secondo*, principalmente de carne o de copiosas verduras. No hay que comerse todo, pero sí el *dolce* (¡el postre!).

En la antigua Roma el ratón asado y la lengua de flamenco eran manjares.

DE TERRAZAS

Uno de los muchos placeres gastronómicos de Roma es comer al fresco... Saborear una carbonara (p. 62) en una terraza te permitirá observar a los transeúntes, disfrutar del atardecer o simplemente formar parte de la animación local. Mientras enrollas unos *bucatini* (p. 63), siente el ajetreo urbano. Y anímate a ensuciarte las manos con alguna clase para aprender a hacer *pizza* o pasta durante tu estancia en la Ciudad Eterna.

***FOTOS:** gente comiendo en una terraza (arriba); la típica* ***coratella** (pág. siguiente arriba);* ***pecorino** romano (pág. siguiente).*

MATES CARNÍVORAS

El *quinto quarto* son las entrañas de los animales, la carne de sus órganos. Siglos atrás, los nobles elegían el mejor cuarto, o parte, de una res descuartizada. Los jerarcas se llevaban el segundo, los comerciantes el tercero y los soldados el cuarto. Los campesinos crearon una cocina rica a partir de los restos, con tripa, riñones, cola y otras vísceras y tajos bajos. Hoy, la *cucina povera* (cocina pobre) se refleja en platos como el estofado de cola de toro y la *coratella* (entrañas de cordero) con alcachofas.

El kétchup de la antigua Roma era el garo, una salsa a base de pescado y sus despojos, todo puesto en salmuera.

Datos básicos

Producción anual de *pecorino* DOP: **más de 30 000 t**

Número de granjas productoras: **12 000**

Número de empleados en las granjas: **25 000**

UN APUNTE QUESERO

El *pecorino* romano, de fuerte sabor salado y textura quebradiza, es uno de los quesos más antiguos del mundo. Por su buen envejecimiento, valor nutritivo y fácil transporte, los legionarios romanos recibían una ración diaria. Igual que su primo el parmesano, el *pecorino* se ralla fácilmente, por eso es ideal para espolvorearlo sobre platos como el *cacio e pepe* (p. 63). Hoy el *pecorino* auténtico sigue elaborándose de acuerdo con la receta original. (La etiqueta “DOP” oficial garantiza su autenticidad.)

LA PASTA PERFECTA

En la Antigüedad la pimienta tenía un enorme valor. Durante la caída de Roma, un general extranjero pidió 1360 kg de pimienta a cambio de no atacar la ciudad.

A LA RICA CARBONARA

Pasta fresca, yema de huevo, queso *pecorino,* tocino, una pizca de pimienta: es el conjuro mágico para una *carbonara* romana. La receta genuina lleva *guanciale,* carrilleras de cerdo adobadas, curadas (conservadas) y maduradas. Hay quien dice que la inventaron los soldados estadounidenses durante la II Guerra Mundial, con el rancho de huevos y beicon. Para otros, fue una revolucionaria sociedad secreta. Su verdadero origen es un misterio, pero es, sin duda, uno de los manjares más ricos de la Roma moderna.

FOTOS:* plato de carbonara *(arriba);* cacio e pepe *(pág. siguiente arriba);* bucatini all'amatriciana *(pág. siguiente abajo).

PRUEBA UN 'CACIO'

Este plato de pasta fresca con abundante pimienta y *pecorino* rallado es un emblema de Roma. El *cacio e pepe* (pronunciado "cacho e pepe") probablemente fue creado por pastores, que necesitaban una comida sustanciosa durante sus largas jornadas. Y mezclaron *pecorino,* granos de pimienta negra y espaguetis secos. Hoy, el plato está por doquier.

Datos básicos

Porcentaje de italianos que come pasta a diario: **20%**

Media anual de pasta consumida por adulto: **23 kg**

BRAVO, 'BUCATINI'

Otro plato de pasta de elaboración sencilla pero indispensable son los *bucatini all'amatriciana,* un torbellino de sabores a base de tomate, *pecorino* y *guanciale* (tocino). Cuando el plato se hizo popular en el s. XIX, la salsa de tomate la acababa de inventar el famoso chef Francesco Leonardi, quien dicen que se lo sirvió al papa. *Bucatini* significa "agujeritos" en italiano; son unos espaguetis gruesos ¡con un agujero en el interior, claro está!

COMIDA CALLEJERA

Se cree que los romanos, sin fogones en sus hogares, pudieron inventar la comida rápida con los *thermopolia,* unos puestos de comida caliente.

'SUPPLÌ' A LA CARTA

¿Una comida que puedes sostener en la mano? ¡Sí, gracias! Los *supplì* son la comida callejera romana por antonomasia. Estas croquetas rebozadas y fritas se preparan con una deliciosa mezcla de arroz al vapor, hebras de *mozzarella* y una rica salsa. Antiguamente los vendedores ambulantes las freían al momento en perolos de aceite hirviendo. Hoy estas deliciosas bolas las sirven por doquier, pero en el histórico **mercado de Testaccio** (pp. 110-111) podrás elegir entre una gran variedad.

FOTOS:* Supplì *clásicas (arriba); bocadillos típicos de* porchetta *apilados (pág. siguiente arriba); alcachofas fritas (pág. siguiente abajo).

CERDO PARA LLEVAR

La *porchetta*, o cerdo asado, se puede comer de muchas formas, pero la más cómoda para llevar es en bocadillo. El *panino con porchetta* (bocadillo de cerdo asado) rebosa de carne asada calentita, a menudo grasienta y sazonada con hierbas. ¿Oyes cómo cruje el pan tostado a la perfección a cada mordisco? No te pierdas otras tentaciones callejeras preparadas con *porchetta*, ¡como la *pizza al taglio con porchetta* (*pizza* al corte)!

La palabra *scarpetta* se refiere a rebañar los restos de salsa con el pan. ¡Toda una tradición!

"FLORES" FRITAS

Las alcachofas fritas al estilo judío son una combinación de sabores y texturas. Esta verdura, que en realidad es una flor, se fríe completamente hasta quedar crujiente por fuera y tierna por dentro, y luego se sala y se rocía con limón. Antiguamente solo se vendía para llevar en el gueto judío, pero hoy está en las cartas de toda la ciudad, desde *trattorias* elegantes hasta diminutos puestos callejeros. Para muchos la mejor variedad es el *carciofo romanesco* o *cimarolo*, de color verde y morado. ¡Pídete una para llevar!

RESTAURANTES IMPERDIBLES

COMIDA FORMAL

Italia no bromea con la comida, por eso en Roma hay tantos establecimientos distintos para comer. En el *ristorante,* el más formal, se come sentado, con servicio de mesa completo y eligiendo de entre una amplia carta. En cuanto a la *cucina romana* clásica, el mejor es **La Campana.** Llevan sirviendo comidas desde 1518, es decir, ¡más de 500 años! ¡Asegura ser el más antiguo de la ciudad!

Se calcula que se preparan 2700 millones de *pizzas* al año en Italia.

PORCIONES CELESTIALES

Las incontables pizzerías de Roma ofrecen desde *pizza* al corte sin salsa hasta enteras con tomate, y mucho más. Aquí, el pan plano con queso tiene un toque típico romano: no hay borde y los ingredientes cubren la superficie por completo. Pon a prueba tus papilas gustativas en el **Forno Renella** en el Trastévere o en el **Forno da Milvio** en Monti, cerca del Coliseo, dos hornos predilectos de los romanos.

BOCADILLOS DELICIOSOS

La *paninoteca* es un establecimiento informal donde solo sirven *panini*. Un *panino* no es un bocadillo cualquiera: se prensa y se calienta para que los ingredientes se fundan. Las mejores *paninotecas* usan productos locales y *focaccias* recién horneadas. Una versión moderna es la "*pizza* de bolsillo" de **'trapizzino'**, como un sándwich triangular. ¡Date un buen banquete!

Al parecer los romanos pedían la mano de su novia escondiendo el anillo en un *maritozzo*, un bollo tradicional relleno de nata.

POSTRES ATREVIDOS

¿Qué sentido tiene una comida sin postre? En la *pasticceria* puedes ponerle la guinda al pastel. Para un dulce histórico, prueba una tartaleta de fresas en la tradicional **Pasticceria Regoli** de gestión familiar, en el centro histórico, o ve a la **Pasticceria il Boccione**, la panadería más antigua del gueto judío. Desde 1815 sirven productos únicos como la *pizza ebraica*, un pan con fruta confitada y frutos secos.

***FOTOS:** bocadillo en pan de focaccia (arriba); entrada de la Pasticceria Regoli (dcha.); ristorante en el Trastévere (pág. anterior arriba); porción de pizza romana (pág. anterior abajo).*

DULCES

EL TIRÓN DEL TIRAMISÚ

Esta maravilla se prepara con capas de bizcochos de soletilla, huevos batidos con azúcar y crema de queso *mascarpone*. Los bizcochos se mojan en un buen expreso y al final se rocía con cacao en polvo. Algunos pasteleros añaden finas rodajitas de fresa a su tiramisú (que significa "levántame el ánimo", en italiano). A veces ponen licor, así que ¡pregunta antes de pedirlo!

Stracciatella significa "a pedacitos". La palabra se usa para tres comidas italianas: una sopa, un queso y, por supuesto, ¡el helado!

DISFRUTA DE UN 'GELATO'

En Italia, el *gelato* ("helado", en italiano) se prepara con menos grasa láctea y se bate mucho más despacio que los demás helados, de ahí su cremosidad. Además, ¡no se derrite tan rápido! Roma está llena de *gelaterie,* pero nada es comparable a entrar en la galardonada **Neve Di Latte** y pedir una bola de *stracciatella* tradicional (nata con pepitas de chocolate) o algo más atrevido, como el de guindas.

LA FLOR Y NATA

La traducción de *panna cotta* ("nata cocida") quizá no te seduzca, pero los nombres pueden llevar a engaño. Este postre, casi como un flan pero más consistente, mezcla ingredientes sencillos (nata y azúcar) y le da una forma sólida (con la ayuda de la gelatina). También la hay de sabores, como de vainilla, y puedes añadir sirope de *frutti di bosco* (frutas silvestres).

A los antiguos romanos les chiflaban los postres fríos. Para ello, los *nevaroli* (recolectores de nieve) recogían la nieve de las montañas cercanas.

CONTRA EL CALOR

Si eres uno de los millones de visitantes que recalan en Roma en verano, pídete una *grattachecca* para hacer más llevadero el calor abrasador. Para prepararla, el *gratacheccaro* rasca hielo de unos enormes bloques con una herramienta llamada *raschietto,* luego pone las "virutas" en un vaso y le añade sirope o zumo de fruta. La *grattachecca* de toda la vida se prepara en los quioscos a orillas del río Tíber. No hay que confundirla con la popular *granita,* el granizado, ¡así que prueba ambos!

***FOTOS:* panna cotta con frutas silvestres (arriba); una bebida bien fría (dcha.); porción de tiramisú (pág. anterior arriba); helado variado (pág. anterior abajo).**

EPICENTRO DE LA HISTORIA

FOTO: interior del Coliseo.

TREMENDO TRÍO

Datos básicos

Fecha de construcción: **113-125 d.C. aproximadamente**

Altura y diámetro de la cúpula: **43 m**

Altura de las puertas: **7,5 m**

Las puertas de bronce del Panteón son uno de los tres únicos juegos originales de Roma y las más antiguas de la ciudad.

LA MORADA DE LOS DIOSES

Un empedrado de roca volcánica conduce hasta el **Panteón,** una de las maravillas de Roma. Tómate un segundo para contemplar este amarillento templo redondo dedicado en un principio a los dioses romanos, pero luego convertido en iglesia cristiana. Sus 16 imponentes columnas, testigo del paso de una historia milenaria, se mantienen firmes. Accede por las enormes puertas de bronce y déjate sorprender por la cúpula, toda una hazaña. A través del óculo, el "ojo" del centro, los rayos entran como si fueran luz celestial.

¡ARRIBA Y ABAJO!

La **escalinata de la plaza de España,** por la cercana embajada española, es una de las atracciones más famosas de la ciudad. Majestuosa, hay gente en ella pasando el rato a todas horas del día y de la noche. Tú también puedes subir sus 135 peldaños, construidos hace más de 300 años. El lugar ha inspirado a famosos escritores, artistas y músicos, como el poeta inglés John Keats, que vivió en un apartamento a sus pies y fue enterrado en el cementerio protestante de Roma (pp. 114-115).

RUMBO A TREVI

Antes de ver la **Fontana di Trevi,** quizá la oigas. ¿O es el gentío vociferando junto a su carroza con forma de concha? En la fuente más famosa de Roma, el agua casi cobra vida. Con su figura imponente, el protagonista es Océano, que representa la fuerza de los mares. Está rodeado de caballos alados. Dos veces por semana recogen las monedas que se lanzan y las destinan a beneficencia para financiar proyectos comunitarios, como comedores sociales o bancos de alimentos.

***FOTOS:** escalinata de la plaza de España desde abajo (arriba); Fontana di Trevi (izda.); el Panteón (pág. anterior).*

UNA ANTIGUA CALZADA

AUTOPISTA HISTÓRICA

La **Vía Apia** nació para que pudieran desplazarse las tropas romanas encargadas del suministro del imperio y su expansión por Europa. Hoy es una aventura visitar sus viejos restos, incluidas iglesias, tumbas o puertas, entre otros. Empieza alquilando una bici en la oficina de información del parque. Pedalea hasta la tumba de Cecilia Metela, luego detente si quieres en el Circo Majenciano o da un paseo por el parque Appia Antica (pp. 116-117), donde mejor se conserva la calzada. Pisarás las mismas piedras que pisaron emperadores, peregrinos e incluso santos, fijadas al terreno con el paso de tropas y caballos durante milenios. ¡Marchen!

En la antigua Roma, la Vía Apia tenía su propio eslogan: *"Appia longarum, regina viarum"*, es decir, "¡Vía Apia, reina de las calzadas!"

Datos básicos

Longitud de los túneles: **19 km**

Total de personas enterradas: **500 000**

Número de papas enterrados: **16**

¿HAS VISTO A CALIXTO?

Excavadas en el s. III, las **catacumbas de San Calixto** fueron el primer cementerio cristiano oficial de Roma y, por lo tanto, del mundo. Dicen que son las catacumbas más bonitas de la ciudad (pp. 56-57), lo cual es cierto: la vasta red subterránea tiene cuatro niveles de tumbas, túneles, panteones familiares, frescos y cámaras embaldosadas. Quienes recorrían la Vía Apia caminaban justo por encima de este escalofriante yacimiento. Para muchos, uno de los tesoros más notables es la cripta de los Papas, que alberga los restos de varios pontífices de la Iglesia católica. Si te atreves a entrar, que sea con un circuito guiado.

FOTO: antiguo acueducto (arriba); puerta de las catacumbas de San Calixto (izda.).

EL CORAZÓN DE LA CIUDAD

Cuando se piensa en Roma, uno se imagina el **Centro Storico** (centro histórico) y su maraña de callejas adoquinadas, *piazzas*, ruinas y monumentos rebosante de cafeterías, restaurantes y montones de visitantes y lugareños por igual. Roma es un museo al aire libre de arte barroco y renacentista.

Quizá te suenen algunos de los monumentos más famosos, como el Panteón (p. 72) o Piazza Navona (pp. 36-37). Pero no te olvides de explorar las muchas *chiese* (iglesias) pequeñas y sus colecciones de arte.

El centro histórico es donde mejor advertirás lo polifacética que es Roma. Entre piezas inestimables de historia, también verás a su gente, el dinámico corazón palpitante de la ciudad. Ve por los *mercatini rionali* (mercados de barrio) y haz la compra con los lugareños. Roma es una ciudad que cambia con los tiempos, como siempre ha pasado.

FOTO: vista del centro histórico.

Il Vittoriano, un monumento del centro histórico, es apodado “la máquina de escribir” por su forma.

En busca de altares

A ver si encuentras una *edicola sacra* a la vista en la calle. Como un valioso relicario, estos “altares esquineros” incluyen pinturas, mosaicos y pequeñas imágenes, y están por doquier.

VISITA EL VATICANO

EL PAÍS MÁS PEQUEÑO DEL MUNDO

¡No olvides el pasaporte para la visita a la nación independiente más pequeña del mundo! Enclavado en el centro de la Roma antigua, el **Estado de Ciudad del Vaticano** solo tiene 0,44 km^2. También es la sede de la Iglesia católica romana. El órgano de Gobierno es la Santa Sede y su soberano, el papa, a su vez cabeza de la Iglesia católica romana. ¡Vaya responsabilidad! Los viajeros pueden visitar los museos del país y su basílica. Los más atrevidos pueden reservar un circuito por la necrópolis, o cementerio. Los Jardines Vaticanos, que ocupan casi la mitad del territorio, tienen fuentes, setos, estanques con juegos de agua y hasta una zona de cactus.

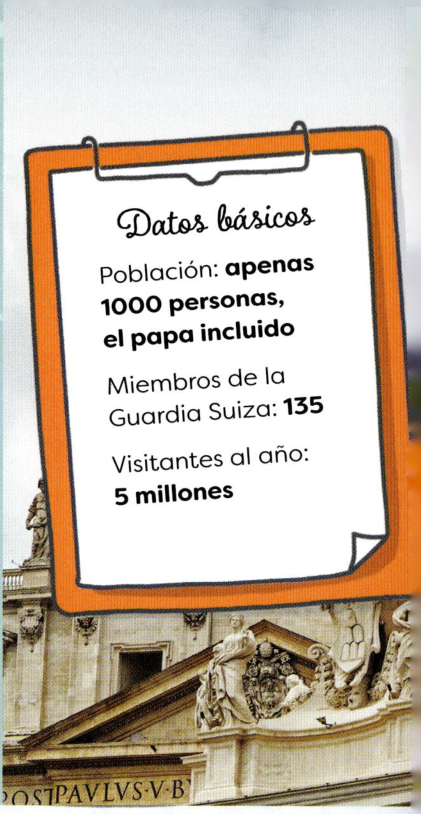

Datos básicos

Población: **apenas 1000 personas, el papa incluido**

Miembros de la Guardia Suiza: **135**

Visitantes al año: **5 millones**

¡La elección de un nuevo papa se comunica con una señal de humo desde la Capilla Sixtina! Una chimenea especial revela la decisión de los cardenales: humo blanco, hay nuevo pontífice; humo negro, nadie ha obtenido la mayoría.

GRANDIOSOS MUSEOS

El papa Julio II fundó los **Museos Vaticanos** en el s. XVI. Actualmente comprenden unas 20 000 obras de varios miles de años de historia de la humanidad. También podrás ver la Capilla Sixtina (p. 93) y las Estancias de Rafael y pinturas renacentistas de otros artistas emblemáticos como Caravaggio y Leonardo da Vinci. Podrías pasártelo muy bien entrando en algunas de las zonas menos conocidas, como la galería de los Mapas o la Sala de los Animales. En total suman ¡54 galerías y 1400 salas!

***FOTOS:** vista de la basílica de San Pedro (arriba); estatua del dios Nilo en los Museos Vaticanos (izda.).*

EL PLATO FUERTE

El Coliseo ha sobrevivido a terremotos, incendios y ¡ladrones de piedras!

Datos básicos

Tamaño: **unos 180 m de largo, 150 m de ancho y 12 pisos de alto; dentro cabría un campo de fútbol**

Período de construcción: **72-80 d.C.**

ENTRA EN EL COLISEO

¡No hay nada como el **Coliseo**! Con sus casi 2000 años, sigue siendo el mayor anfiteatro jamás construido. ¡En las gradas cabían hasta 60 000 personas! Esta proeza de la arquitectura y la ingeniería no es solo una postal impresionante. Mediante un circuito te desvelarán los secretos de las ruinas, como la visera retráctil *(velarium)* que daba sombra durante los sofocantes veranos. ¡Y si exploras la arena a la luz de la luna aún es más inolvidable!

HOMBRE CONTRA FIERA

¿Quién se atreve a pisar la arena? Algunos gladiadores eran profesionales en busca de fortuna o gloria en los combates individuales. Otros se veían obligados a luchar, por ser esclavos o como condena por sus crímenes. Un duro castigo era la *damnatio ad bestias*, la condena a las fieras, a menudo leones del norte de África, en combates normalmente sangrientos.

A los gladiadores que compartían la arena con las fieras los llamaban *bestiarii*.

ENTRE BAMBALINAS

El *hypogeum* del Coliseo era una red de túneles en forma de largos y oscuros pasadizos donde animales feroces rugían enjaulados y los gladiadores afilaban sus lanzas, puñales y tridentes. Se usaban montacargas y trampillas para subir a los luchadores y las bestias hasta la arena en plan espectacular. Hoy podrás pasearte entre bambalinas como un asistente vip. Ahora puedes explorar este laberinto ahora al descubierto y hacerte una idea del hervidero de actividad que fue este gran coso.

***FOTOS:** grabado de un espectáculo en el Coliseo (arriba); el hipogeo del Coliseo (izda.); el Coliseo (pág. anterior).*

MARAVILLAS MODERNAS

FOTO: interior de la Galleria Alberto Sordi.

¡EL CORSO!

Si pudieras echar un vistazo a **Via del Corso** en distintos momentos de la historia, quizá verías a peregrinos religiosos yendo al Vaticano o a un montón de gente celebrando el Carnaval. Los romanos siempre han usado esta calle para pasear o ir compras.

Empieza la ruta en Piazza del Popolo (pp. 36-37) y recorre las tiendas de moda antes de llegar al final, en **Piazza Venezia.** De camino, detente en la **Galleria Alberto Sordi** y admira sus vidrieras del techo, farolas de globo y chulísimos suelos de mosaico.

Para descubrir otro tipo de arte, apúntate a un circuito a pie con el proyecto Botteghiamo, un grupo que fomenta la artesanía tradicional. Entrarás en el mundo secreto de los talleres, donde orfebres, mosaiquistas, fabricantes de muñecas, alfareros y lutieres, entre muchos otros artesanos, aún cultivan su oficio. Pide ver el mapa dibujado a mano del grupo, con los talleres más bonitos e históricos.

En Via Tiburtina, los maestros de SAID 1923, una fábrica de chocolate, llevan tres generaciones dirigiendo un "laboratorio" de chocolate.

FOTOS: Piazza Venezia y monumento del Altare della Patria en Navidad.

AL GALOPE...

Via del Corso debe su nombre a la *corsa dei barberi*, una carrera anual de caballos celebrada en Carnaval. Era sin jinetes: reunían los caballos cerca del obelisco de Piazza del Popolo y los soltaban hacia Piazza Venezia. ¡Más bien era como una estampida!

FUENTES CHULAS

ACUEDUCTOS SORPRENDENTES

La creciente población del Imperio romano bebía y se aseaba gracias a los acueductos. Estas maravillas arquitectónicas transportaban agua dulce a la ciudad desde una distancia de hasta 92 km y lo hacían solo mediante la gravedad. Algunos siguen en funcionamiento, como el **Aqua Virgo,** que alimenta la Fontana di Trevi (p. 73). ¡Un diseño milenario que no necesita mejoras!

AGUA FRESCA DE LAS 'NASONI'

Aunque tienes agua potable en las impresionantes fuentes de mármol de la capital –¡sí, se puede beber!–, también es buena la de otras fuentes de piedra más pequeñas repartidas por las calles. Se llaman *nasoni* (narizotas) por la forma del emblemático caño metálico. Estas fuentes nunca se cierran, por eso siempre hay agua fresca circulando por sus tuberías. ¡A beber!

Roma tiene la mayor concentración de fuentes de agua potable del mundo.

CIUDAD DE AGUA

¡Ponte calzado impermeable para visitar el **Vicus Caprarius**! Este histórico complejo residencial se descubrió cerca de la Fontana di Trevi, pero totalmente bajo tierra. El yacimiento es un sinuoso laberinto de paredes de ladrillo, arcos y salas donde los vecinos vivían su cotidianidad. Del acueducto Aqua Virgo se filtra agua hacia este panal de construcciones en su curso hacia la fuente.

Datos básicos

Profundidad del Vicus Caprarius: **9 m**

Monedas antiguas descubiertas en el yacimiento: **800**

¿UNA BARCA HUNDIDA?

Construida en 1629, la **fuente de la Barcaccia** de la plaza de España narra la historia de una barca que el Tíber desbordado llevó hasta la plaza y, cuando las aguas se retiraron, quedó varada en las calles de la ciudad. ¡Vaya! Aunque no se sabe si es del todo cierto, al artista Pietro Bernini le pareció divertido inmortalizarla en mármol. Admira la escultura medio sumergida y las dos caras con forma de sol que escupen agua hacia el desdichado bote.

FOTOS: Vicus Caprarius (arriba); fuente de la Barcaccia (dcha.); acueducto Aqua Appia (pág. anterior arriba); la típica fuente nasone (pág. anterior abajo).

¡EMPIEZA EL ESPECTÁCULO!

Datos básicos

Aforo de la ópera:
2200 personas

Inauguración:
en 1880

Primera ópera programada:
'Semiramide' de Gioachino Rossini

Italia es la cuna de la ópera. *Dafne* de Jacopo Peri, estrenada en Florencia en 1597, se considera la primera representación mundial del género.

NO OLVIDES LOS BINOCULARES

Para vivir una experiencia operística inolvidable, saca una entrada para el **Teatro dell'Opera,** el gran escenario operístico de la capital. Además de ser un edificio precioso con frescos y ornamentados pasamanos, tiene una maravillosa acústica. Su arquitectura cuidadosamente concebida consigue un sonido mejor que ningún sistema puntero. ¡No te pierdas las sesiones de clásicos para niños! La mayoría de las óperas tiene subtítulos o, aunque no la entiendas, ¡te divertirás con el espectáculo!

FOTOS: interior del Teatro dell'Opera (arriba); de prácticas en la Escuela de Gladiadores (pág. siguiente arriba); exterior del Cinema dei Piccoli (pág. siguiente abajo).

¡DALE, GLADIADOR!

¡Deja la mochila en casa y alístate en la **Escuela de Gladiadores**! Podrás practicar las técnicas de los antiguos luchadores, además de aprender un poco sobre su historia. Una clase normal incluye 2 h de entrenamiento de combate y armas (falsas, claro). ¡Hasta te alquilan la ropa! Luego puedes visitar el museo temático. Como extra, junto a tu familia podréis asistir a una representación de lucha de gladiadores, danzas antiguas o maniobras de la legión romana.

Piccoli significa “pequeños” en italiano.

UN CINE DIMINUTO

Inaugurado en 1934, el **Cinema dei Piccoli** es la sala de cine más pequeña del mundo. Pero este diminuto edificio tiene mucho gancho: además de dibujos animados en distintos idiomas, cuentos, películas infantiles famosas y clásicos de la animación, proponen actividades relacionadas con las pelis. Puedes apuntarte a un taller de fabricación de juguetes o de animación. Y lo más mágico de todo es que esta singular casita verde se esconde en los frondosos jardines de Villa Borghese (p. 108).

ALÉGRATE LA VISTA

'ART NOUVEAU'

Cerquita de Via del Corso (pp. 84-85) está la **Galleria Sciarra,** un majestuoso patio de luces de diseño y decoración *art nouveau,* el estilo que se inspira en las flores, las plantas y las formas de la naturaleza, con muchas curvas. Comparado con otros estilos anteriores, como el barroco típico de las esculturas y fuentes de la ciudad, el *art nouveau* es una explosión de color. La galería es un cambio respecto a muchos de los monumentos de mármol romanos. Hasta el último centímetro de los coloridos frescos y motivos florales son una fiesta.

***FOTOS:** Galleria Sciarra (arriba); Casina delle Civette (pág. siguiente arriba); teatro de títeres San Carlino (pág. siguiente abajo).*

LA CASA DE LAS LECHUZAS

Entre las muchas maravillas de Roma está la **Casina delle Civette.** Ubicada en la Villa Torlonia, esta solitaria construcción parece como sacada de otro mundo. Por eso era el escondite perfecto del príncipe que vivía en ella, cuando necesitaba desconectar de sus deberes. Al entrar te sentirás como en un cuento de hadas. Estarás rodeado de aves de estuco, pinturas de paisajes boscosos y caprichosas vidrieras con montones de animales, como cisnes, caballos ¡y lechuzas!

En la mitología grecorromana, las lechuzas se asocian con la sabiduría y el conocimiento.

La famosa historia de Pinocho, la traviesa marioneta, fue escrita por el florentino Carlo Collodi en el s. XIX.

QUERIDAS MARIONETAS

Después de ver una peli en el Cinema dei Piccoli, sigue por el Viale dei Bambini hasta el **teatro de marionetas San Carlino.** Los llamativos trajes, los títeres artesanales y la narración interactiva convierten estos espectáculos tradicionales en una de las mejores actividades de Roma. Para pasar una tarde de risas, acude a una función. Que sean en italiano no es impedimento para entender los chistes ¡y pasártelo bomba!

ARTE SIN IGUAL

Bernini tardó tres años en esculpir *Apolo y Dafne*. En ese tiempo, se tomó una pausa para cincelar su *David*, otra famosa talla.

MARAVILLAS MARMÓREAS

En Roma está una de las estatuas más famosas del mundo, **'Apolo y Dafne'**, de Gian Lorenzo Bernini, en la que el dios persigue a la ninfa. Pero no la atrapará: ¿ves cómo las manos de Dafne se transforman en frondosas ramas? Parece una escena congelada en el tiempo, como si las figuras fueran a cobrar vida de repente para acabar la persecución y Dafne se convirtiera del todo en árbol. Visita la obra en la Galleria Borghese (p. 52) y deléitate con la mágica destreza de Bernini para convertir un bloque de mármol en suave y flexible piel.

FOTOS:* Apolo y Dafne *de Gian Lorenzo Bernini (arriba); fragmento de* La escuela de Atenas *de Rafael (pág. siguiente arriba); techo de la Capilla Sixtina (pág. siguiente abajo).

LAS ESTANCIAS DE RAFAEL

Incluso dentro de la alucinante colección de obras de los Museos Vaticanos (pp. 78-79), los frescos del renacentista Rafael consiguen destacar. Las Estancias de Rafael son cuatro, cada una con magistrales pinturas por las paredes (y a veces también el techo). ***La escuela de Atenas*** se lleva la palma. El fresco es una escena ficticia con los máximos exponentes de la filosofía, la ciencia y la escritura de la antigua Grecia. Tras el encargo papal de decorar las salas, Rafael creó estas maravillas. Eso sí que es un buen empapelado.

Se cree que Leonardo da Vinci y Miguel Ángel hicieron unos disimulados cameos en *La escuela de Atenas.* ¿No guardan un gran parecido con los filósofos Platón y Heráclito?

LA OBRA MAESTRA DE MIGUEL ÁNGEL

¡Alza la vista! El magnífico techo de la **Capilla Sixtina,** que Miguel Ángel pintó hace más de 500 años, representa el libro del Génesis, el primero del Antiguo Testamento de la Biblia cristiana. De las nueve escenas, la segunda es *La creación de Adán,* una de las imágenes más famosas de la historia del arte, en que la mano de Dios da vida a Adán. Al contemplar los caleidoscópicos paneles te sientes como dentro de la obra. Al principio, los trazos audaces, las figuras contorsionadas y los ángeles chocándose se antojan un caos, pero en cuanto la vista se acostumbra aparece una narración en imágenes meticulosamente pensada.

ROMA SALVAJE

FOTO: zorro acurrucado en la hierba.

LOBOS MARAVILLOSOS

Según la leyenda, la historia de Roma empieza con una loba, que amamantó y cuidó de los fundadores de la ciudad, Rómulo y Remo (p. 49), después de que estos fueran abandonados a su suerte en el Tíber. El animal aparece representado en infinidad de obras por toda la ciudad, como estatuas, frescos, altares, mosaicos y hasta monedas. ¡A ver cuántos eres capaz de descubrir!

Siglos atrás, lobos de verdad –un tipo de lobo gris– vagaban por toda Italia, pero su caza los condenó casi a la extinción entre los ss. XIX y XX. ¿Son los lobos de Roma solo cosa del pasado?

Con suerte, no. Hace pocos años, unas cámaras de rastreo detectaron una familia de lobos salvajes en la **Reserva Castel di Guido,** una zona de denso matorral cerca del aeropuerto. Pese a su escasa población, estas fieras siguen siendo el símbolo más perdurable y feroz de Roma.

Datos básicos

Nombre común:
lobo itálico o de los Apeninos

Peso medio:
27-41 kg

Altura media:
66-81 cm

FOTO: pareja de lobos salvajes, Italia.

Se calcula que unos 3000 lobos salvajes merodean hoy por toda Italia.

ANIMALES EN EL ARTE

Los animales invaden las esculturas de Roma. ¿Has visto los leones egipcios en Piazza del Campidoglio de Miguel Ángel? ¿Y el elefante de Bernini en Piazza della Minerva? ¿La fuente de la tortuga en Piazza Mattei? ¿Los dragones y caballos marinos de Villa Borghese? ¿La fuente de las abejas? ¡Vaya zoo!

PODER GATUNO

FELINOS FELICES

Los gatos han sido clave en el pasado de la ciudad. Para Diana cazadora, diosa romana relacionada con los animales, eran una especie sagrada, además de perfectos para atrapar alimañas. En la Roma actual aún aprecian a este pequeño felino, e incluso hay una ley que los protege y no permite reubicarlos ni hacerles daño. Esta cultura amante de los gatos ha llevado a la creación de las famosas colonias de gatos de Roma, o a grandes comunidades de gatos silvestres. Destaca el **Santuario de Gatos de Torre Argentina,** donde más de un centenar se relaja entre las ruinas del templo. Otro famoso refugio suyo al aire libre está en el recinto de la **pirámide de Cayo Cestio** y el cementerio contiguo.

BENDITOS GATOS

San Antón es el santo patrón de los animales. Cada año para su fiesta (17 ene) los dueños de mascotas las llevan a la iglesia de Sant'Eusebio y los granjeros conducen el ganado a la plaza de San Pedro para que los bendigan.

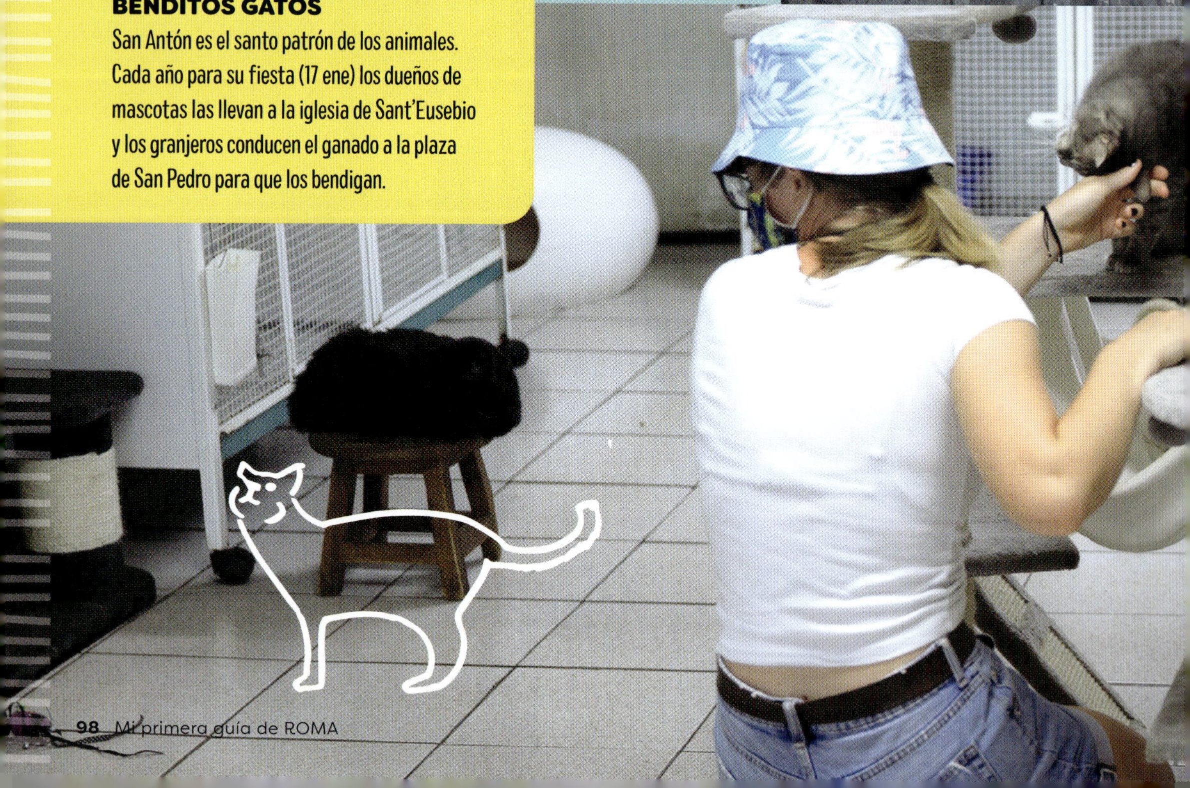

MININOS MIMADOS

¿Y quién se ocupa de todos esos gatos? Pues las *gattare,* autodenominadas cuidadoras de gatos de Roma. Al crecer la primera colonia "oficial" de gatos tras desenterrar las ruinas de la Torre Argentina hace casi un siglo, un grupo de mujeres empezó a dar de comer a los felinos con restos de carne y pescado. Hoy, las *gattare* son un grupo organizado de voluntarias que alimenta y vacuna a los gatos, y colabora con los veterinarios en las castraciones y las esterilizaciones. Hasta pueden facilitar algunos en adopción.

***FOTOS:** ejemplar rubio en el Santuario de Gatos de Torre Argentina (arriba); sala de cuidados del santuario (izda.).*

ANIMALES ALUCINANTES

¡ES UN ZOO!

El **Bioparco,** uno de los zoos más antiguos de Europa, se creó en los hermosos jardines de Villa Borghese (p. 108) hace más de un siglo. Actualmente es un floreciente centro para la conservación de especies amenazadas, incluidos animales peludos, con garras y con plumas. Entre bambalinas, los zoólogos estudian los hábitos alimenticios de su colonia de pingüinos africanos y el comportamiento de las cabras del Himalaya (emparentadas con nuestras cabras y ovejas). Proponen actividades frecuentes, que incluyen también encuentros con los animales.

Datos básicos

Año de creación: **1932**

Número de ejemplares: **5 millones**

Ejemplar más grande: **un esqueleto de ballena de 16 m**

Datos básicos

Año de inauguración: **1911**

Número de especies: **unas 200**

Tamaño del Bioparco: **17 Ha, o como 32 campos de fútbol**

BIEN PRESERVADOS

Cerca del Bioparco está el **Museo Civico di Zoologia,** el museo de historia natural de Roma. No verás animales vivos, pero descubrirás un laberinto infinito de ejemplares disecados y bien conservados, desde diminutos invertebrados hasta un enorme esqueleto de rorcual aliblanco. Si te interesa la ictiología (el estudio de los peces), no te pierdas la colección de espantosas lampreas marinas del Tíber. En las colecciones herpetológicas (de reptiles) hay cráneos de enormes cocodrilos del Nilo y raras salamandras gigantes japonesas conservadas en líquido.

***FOTOS:** león en el Bioparco (arriba); animales disecados expuestos en el Museo Civico di Zoologia (izda.).*

GRUÑIDOS ROMANOS

Datos básicos

Número de jabalíes en Italia: **más de 2,3 millones**

Número de jabalíes en Roma: **unos 20 000**

Peso medio: **68-91 kg**

OJO: ¡JABALÍES!

Durante su larga historia, Roma ha sido saqueada y derrotada muchas veces. Desde vándalos hasta ejércitos imperiales, muchos la asaltaron en busca de sus tesoros. Una tradición que perdura hasta hoy, ¡aunque los actuales invasores son los jabalíes! En los últimos años su población se ha disparado en todo el país por la falta de depredadores naturales. Los grandes *cinghiali* peludos y con pezuñas suelen husmear por los contenedores de basura y perturban tranquilas meriendas al aire libre. No hay que subestimarlos ni acercarse a ellos: ¡son peligrosos!

ZORROS PELIRROJOS

Como en toda Europa, los zorros se han acomodado bien en la Ciudad Eterna. Las urbes ofrecen a estos elegantes cánidos muchas ocasiones para rebuscar comida entre los contenedores de las casas, tiendas y restaurantes. Son sospechosos habituales en los parques de Roma. **Villa Pamphilj** tiene su propio zorro famoso, Olimpia, una hembra que debe su nombre a la princesa del s. XVII propietaria de la villa. ¡Y tiene novio, Giulio!

¡NO ES UN CASTOR!

Puede que el animal más adorable de Roma sea la nutria. Aunque los romanos a veces usan el término *castorino* (castorcito), la nutria es un animal distinto. La diferencia se advierte en la cola: la de la nutria es larga y redonda, la del castor es plana. Presta atención al Tíber, donde estos roedores suelen nadar y reunirse a la orilla. Las nutrias, además, tienen patas palmeadas, pelaje grueso y grandes dientes. ¡No las acaricies!

***FOTOS:** zorro romano (arriba); nutria lista para el baño (al lado); jabalí (pág. anterior).*

'VOLAREEE'

CIEN GAVIOTAS… O MÁS

Hoy, las gaviotas argénteas parecen haberse adueñado de Roma, cayendo en picado a por restos de comida, aterrorizando a las palomas y adueñándose de las cabezas de estatuas señoriales. ¿Por qué hay tantas? Muchos creen que estas aves de alas blancas y grises llegaron a la ciudad cuando cerraron definitivamente un enorme vertedero a las afueras, su lugar preferido.

El halcón peregrino es el ave más rápida del mundo: puede alcanzar los 320 km/h.

VUELVE, PEREGRINO

El halcón peregrino casi se extinguió en Italia en los años setenta, pero en los últimos tiempos esta majestuosa ave ha hecho su reaparición. Los científicos incluso han colocado nidos artificiales escondidos en estructuras altas, como postes de teléfono o torres de agua, para que prospere la especie. También vigilan a algunas parejas con cámaras web. Puedes conectarte y ver en directo, a una distancia prudencial, cómo crecen las familias.

LAS COTORRAS DE ROMA

No, no estás en la selva, ¡solo acabas de conocer a las famosas cotorras de Roma! Estos pájaros tropicales originarias de Sudamérica son descendientes de mascotas exóticas que se escaparon o que sus dueños soltaron. Aunque no son autóctonas del país, han salido adelante gracias al cálido y húmedo clima mediterráneo. Las cotorras sobrevuelan el centro histórico, revolotean por el Palatino o se posan por las ramas de los pinos y otros árboles de la ciudad.

En Roma hay dos especies de cotorra: la argentina y la de Kramer.

NUBES DE ESTORNINOS

En invierno, millones de estorninos migran hacia Roma en busca de un clima más cálido. Se reúnen al atardecer en una danza aérea sincronizada llamada murmuración, cubriendo el cielo crepuscular con una sinuosa nube negra. El efecto en el horizonte es precioso, ¿pero has pensado en cuánta caca hacen todos esos pájaros? ¡Tanta que la gente se protege con paraguas! Las autoridades han intentado dispersarlos, pero son unos animales muy tercos.

FOTOS: cotorra picoteando un fruto (arriba); baile de los estorninos al atardecer (dcha.); gaviota posada en un alféizar (pág. anterior arriba); halcón peregrino (pág. anterior abajo).

ROMA VERDE

FOTO: jardín de los Naranjos.

PLACERES AJARDINADOS

En el parque de Villa Borghese hay una réplica del Globe Theatre, donde Shakespeare representaba sus obras.

UN JARDÍN NOBLE

Las lomas de la colina Pincio son un oasis de arte, susurrantes fuentes y verde fronda. Con sus aproximadamente 80 Ha, **Villa Borghese** no es el parque ajardinado más grande de Roma (lo superan Villa Doria Pamphilj y Villa Ada), pero por su céntrica localización es muy concurrido y divertido de explorar. Si te va la velocidad, alquila una bici o un cuadriciclo. Y si notas las piernas cansadas, relájate montando en el minitrén del parque.

ESCAPADA AL LAGO

El artificial **Giardino del Lago** es un lugar precioso para relajarte y disfrutar de la naturaleza. Aquí podrás dedicarte a observar las aves: a ver si encuentras los martines pescadores, carriceros y cotorras de la villa. Ponte en marcha por el largo sendero de **Viale del Lago** o alquila un bote de remos y leva anclas. Y no te pierdas el **templo de Esculapio,** en el islote del lago. Aloja una estatua de Esculapio, dios de la medicina.

UNA CASITA MUY MOLONA

Casi en el centro de Villa Borghese hallarás la ludoteca **Casina di Raffaelo.** La *casina*, o "casita", aloja actividades, juegos, juguetes, sala de lectura y biblioteca. Cuando ya no te apetezca estar dentro, disfruta de los frondosos jardines de la villa. Luego camina hacia Piazza del Popolo (pp. 36-37) por Viale dei Bambini, donde podrás ver la hora que marca un excepcional reloj de agua del s. XIX.

***FOTOS:** remando en el Giardino del Lago (arriba); reloj de agua de Villa Borghese (izda.); fuentes del parque de Villa Borghese (pág. anterior).*

QUÉ SE CUECE EN EL MERCADO

Los mercados de granjeros, llamados *mercati rionali*, ofrecen montones de productos locales. Suelen montarse en el centro de los *rioni* y son focos donde socializar y, por supuesto, ¡hacer buenas compras!

El mercado de fin de semana del Circo Máximo (pp. 42-43) está repleto de alimentos divertidos para probar. Bajo un techo acristalado, el centenario **mercado de Testaccio** tiene 100 puestos y es uno de los preferidos de los romanos.

En **San Cosimato,** en el Trastévere, verás puestos de libros de segunda mano, perros callejeros en busca de comida y un parque infantil en la *piazza*. Tampoco puedes perderte el **Mercato Trionfale,** a un paso del Vaticano, considerado el primer mercado de Roma y uno de los más grandes de Europa. En sus 270 puestos interiores se puede encontrar casi de todo. En el pasado, esta era una zona de paso de cazadores y viajeros, que recalaban para picar algo o descansar y dar de comer a los caballos. Hoy es emocionante salir a explorarlo e ir de compras.

FOTO: mercado del Campo de' Fiori.

UN PRECURSOR

En el Campo de' Fiori, busca la estatua de Giordano Bruno, un audaz monje que creía, entre otras cosas, que la Tierra giraba alrededor del Sol mucho antes de que se aceptara la idea. Murió en esta plaza condenado por herejía (desacuerdo con la Iglesia). Hoy es un símbolo del desafío, por eso mira en dirección al Vaticano. La plaza sigue siendo un punto de reunión para manifestaciones.

¡POR EL TÍBER!

EXPLORA OSTIA

¡Atención, bañistas! La localidad playera de **Ostia** queda a solo 1 h en tren del centro histórico. Pasa una tarde de relax y baños en sus aguas poco profundas y luego recorre el *lungomare* (paseo marítimo) curioseando por las tiendas. Las dunas de la costa han protegido de la erosión algunas construcciones y así se han conservado importantes fragmentos de historia. Junto a la desembocadura del Tíber hay un oasis con playas y bosque. Cerca está Ostia Antica, una localidad portuaria bien conservada con un antiguo cementerio y ricos restaurantes que explorar.

Datos básicos

Longitud del Tíber:
405 km

Nacimiento del río:
monte Fumaiolo

Desembocadura:
mar Tirreno

AUTOPISTA DE H_2O

El caudaloso Tíber es uno de los mayores tesoros de la ciudad, antigua fuente de agua potable y cauce comercial. Puedes dar un paseo a pie o en bici por el Lungotevere, la pequeña calzada ribereña. Haz una pausa en el **parque Tor di Quinto** para observar aves acuáticas. Para más adrenalina, opta por un kayak o una piragua y atraviesa sus puentes, como el Ponte Cestio, el Fabricio y el antiquísimo Ponte Rotto. Pasarás por la ruta de los antiguos comerciantes que transportaban cereales al pueblo y mármol travertino para sus monumentos.

FOTOS: playa de Ostia (arriba); el Tíber y el paseo del Lungotevere (izda.).

REMANSOS DE PAZ

UN LUGAR DE DESCANSO

El **cementerio protestante** es uno de los camposantos más antiguos de Europa aún en uso. ¡La primera tumba data de 1738! Aquí yacen quienes no son católicos. Verás lápidas de gente que se enamoró de Roma, como los poetas románticos John Keats y Percy Bysshe Shelley, y muchas más personalidades famosas. Entre los asiduos al lugar hay una escena familiar: ¡los gatos de Roma! De hecho, esta es una de las muchas colonias gatunas de la ciudad (pp. 98-99).

La colección del Orto Botanico incluye plantas carnívoras, como la venus atrapamoscas.

MÁS ALLÁ DE LA PIRÁMIDE

El cementerio está escondido detrás de la pirámide de Cayo Cestio, la única pirámide en Europa. Poco se sabe de Cayo Cestio, quien mandó construir esta tumba, pero la estructura, muy bien conservada, ¡es incluso más antigua que el Coliseo!

ECLOSIÓN FLORAL

El **Orto Botanico** romano, o jardín botánico, es el lugar ideal para desconectar del ajetreo urbano. Estos jardines se crearon nada menos que en 1545, ¡hace casi 500 años! Serás recibido con una sinfonía de trinos y un refugio verde con 6000 plantas procedentes de todo el mundo. El jardín japonés es una explosión de magnolias, cerezos, cascadas y estanques. En el jardín de las hierbas crecen plantas medicinales que los romanos llevan milenios usando. La rosaleda alcanza su máximo esplendor en mayo, cuando florecen unas 60 especies diferentes.

***FOTOS:** gato sobre una lápida del cementerio protestante (arriba); Orto Botanico en el Trastévere (izda.).*

A LAS AFUERAS

VIDA SALVAJE

El gigantesco **parque Appia Antica** engloba un tramo de la Vía Apia (pp. 74-75), la calzada más famosa de la Ciudad Eterna. ¡También es un parque natural lleno de tesoros! Su corredor verde es un refugio para aves que anidan, zorros errantes y anfibios saltarines. Bajo tierra presenta una geología fascinante, pues se asienta sobre coladas de lava y depósitos endurecidos procedentes de los montes Albanos, de origen volcánico. Es uno de los parques más grandes de Europa y, a diferencia de muchas villas romanas, su naturaleza crece silvestre.

Datos básicos

Longitud de Aqua Marcia: **91 km**

Caudal de Aqua Marcia: **189 millones de litros diarios**

En el parque Appia Antica hay, al menos, una granja abierta. Acércate al frondoso valle de Caffarella y verás caballos, rebaños de ovejas y, a lo mejor, ¡una llama!

ARCOS MILENARIOS

El **parque de los Acueductos,** que forma parte de la red Appia Antica, presume de contar con 6 de los 11 acueductos originales que llevaban agua a la antigua Roma. Los acueductos de Anio Vetus, Aqua Tepula, Aqua Marcia, Aqua Claudio, Aqua Julia y Anio Novus llevan milenios en pie. (Bueno, el Anio Vetus es subterráneo.) Disfruta de una merienda a la sombra de estas magníficas construcciones o alquila una bici para explorar los muchos senderos que hay bajo los pinos. ¡Al atardecer parece que los arcos resplandezcan!

***FOTOS:** vista de la Vía Apia (arriba); amanecer en el parque de los Acueductos (izda.).*

SECRETOS DE LA CIUDAD

FOTO: columnata de Gian Lorenzo Bernini en la plaza de San Pedro.

ILUSIONES ITALIANAS

ABRE BIEN LOS OJOS

El artista Andrea Pozzo empleó el truco del trampantojo ("trampa ante el ojo") para 'construir' una cúpula en la **iglesia jesuita de San Ignacio.** En realidad, ¡la cúpula no es más que una pintura plana! Tuvo tanto éxito que el artista usó la misma técnica para crear una nueva escena de los cielos. Alza la vista y sentirás como si los querubines te elevaran hacia el cielo. Unas marcas en el suelo te indican los puntos con mejor ángulo de visión.

EN PERSPECTIVA

Acércate al patio del **Palazzo Spada,** donde el arquitecto Francesco Borromini logrará burlar tu percepción. Creerás estar ante un larguísimo corredor flanqueado por columnas que conduce a una estatua gigante de Marte, dios de la mitología romana. ¡Y parecerá que está lejísimos! Ahí reside el engaño de Borromini: ¡el pasillo solo mide 8 m de largo y la estatua, 60 cm de alto! Gracias a las matemáticas, el arquitecto creó una galería en perspectiva que lleva siglos burlando la percepción de la gente.

UN TRUCO DE DESAPARICIÓN

Dirígete a la **plaza de San Pedro** en la Ciudad del Vaticano y observa las dos asombrosas columnatas semicirculares. Desde casi todos los puntos verás que ambas tienen cuatro hileras de columnas. Luego, desplázate al centro de la plaza y busca los discos de mármol sutilmente encajados en el suelo. En uno pone *"centro del colonato"* (centro de la columnata). Levanta la vista desde ese punto y ¡tachán! Tres hileras habrán desaparecido y quedará solo una. El responsable de este truco de magia es Gian Lorenzo Bernini.

HAZ DE MAGO

Si prefieres engañar a ser engañado, pon rumbo al **Museo de las Ilusiones,** a poca distancia a pie del Coliseo. Descubrirás los principios científicos y matemáticos de las grandes ilusiones y pondrás algunas a prueba. Los mareantes platos giratorios y los chulísimos hologramas son solo el aperitivo. ¿Te atreves a entrar en el Túnel del Vórtice o en la Sala del Revés? ¿Y a desafiar la gravedad en el Cuarto Infinito? Recuerda: nada es lo que parece.

***FOTOS:** vista de la columnata de Bernini (arriba); típica ilusión óptica (dcha.); interior de la iglesia de San Ignacio (pág. anterior arriba); galería en perspectiva de Bernini en el Palazzo Spada (pág. anterior abajo).*

MONSTRUOS, MITOS Y PORTALES

LA VIDA ES SUEÑO

El fantasioso barrio **Quartiere Coppedè** mezcla estilos arquitectónicos modernos con toques clásicos para crear un llamativo estilo "muy suyo". Creerás haber entrado en un cuento al contemplar las criaturas legendarias decorativas y las majestuosas construcciones, como la Palazzina del Ragno (el edificio de la araña) y el Villino delle Fate (la casita de las hadas). Y lanza sin falta una moneda a la fuente de las ranas. Aquí parece que todo es posible.

LA CASA DE LOS MONSTRUOS

¡Ten cuidado o serás devorado por un monstruo! Las puertas y ventanas exteriores del **palacio Zuccari** están esculpidas con enormes caras de monstruos que abren la boca (o muerden). Esta atrocidad regia se remonta al s. XVI y fue un proyecto concebido como estudio del arquitecto y sus hijos. Comparado con otros *palazzi* romanos, la "casa de los monstruos" es muy divertida.

Una reina de Polonia vivió en el palacio Zuccari.

TOC TOC

Cuenta la leyenda que el noble que construyó la **Porta Alchemica** conoció una noche a un alquimista. Este le dijo que le enseñaría a convertir metales en oro, pero desapareció y solo le dejó unas instrucciones garabateadas. El noble mandó grabar la extraña "receta" en la puerta de su villa con la esperanza de que alguien la descifrara. Para dar con la misteriosa puerta y descodificar el texto, busca las fornidas estatuas egipcias que montan guardia a su lado. ¡Llama a la puerta... si te atreves!

Los alquimistas, quizá los primeros químicos de la historia, transforman elementos naturales, normalmente metales, en otras sustancias.

¡MENTIROSOS, CUIDADO!

La Bocca della Verità (Boca de la Verdad) es una máscara de mármol de 1270 kg expuesta a la entrada de la **basílica de Santa María in Cosmedin.** ¡Dicen que a los mentirosos les muerde la mano! La gente lleva varios siglos metiendo su mano en la boca intentando demostrar su honradez. Para algunos historiadores es una representación del titán griego Océano y quizá al principio se empleó como tapa de alcantarilla.

***FOTOS:** Porta Alchemica (arriba); Bocca della Verità (dcha.); Quartiere Coppedè (pág. anterior arriba.); entrada del palacio Zuccari (pág. anterior abajo).*

RELIQUIAS DE ROMA

El camarlengo (jefe de personal papal) debe "comprobar" el fallecimiento del pontífice llamándolo tres veces por su nombre. Si no responde, declara su muerte.

DE TRIPAS CORAZÓN

Una reliquia religiosa es una pieza de culto; suele ser un objeto, que a veces es una parte del cuerpo. Si la idea no te revuelve las tripas, visita la iglesia de los **Santi Vincenzo e Anastasio,** cerca de la Fontana di Trevi, donde se exponen en tarros los corazones embalsamados de 22 papas. ¿Por qué a tantos pontífices les falta el corazón? Según la *praecordia*, los órganos se extirpaban para evitar su putrefacción mientras se planificaba el funeral. Este, de acuerdo con el reglamento pontificio, debe celebrarse de cuatro a seis días después de la muerte.

***FOTOS:** interior de Santi Vincenzo e Anastasio (arriba); restos de Anna Maria Taigi, en la basílica de San Crisógono (pág. siguiente arriba); basílica de San Juan de Letrán (pág. siguiente abajo).*

LA MUJER DE CERA

Los papas no son los únicos que se convierten en reliquias. Se creía que Anna Maria Taigi, una romana del s. XIX, tenía dones sagrados, como visiones del pasado, presente y futuro. Tras su muerte en 1837, los devotos peregrinaban hasta su tumba para recibir su bendición y su popularidad aumentó. Cuando empezó a descomponerse, se crearon réplicas de cera de las manos y el rostro. Hoy, sus restos se exponen en una urna de cristal en la **basílica de San Crisógono.**

BUSCANDO UNA SEÑAL

La tradición de la adivinación (interpretar el futuro a través de las señales) sigue bien viva en la **basílica de San Juan de Letrán.** Escondido entre estatuas de apóstoles y tumbas papales, un cenotafio (monumento a alguien cuyo cadáver está en otro lugar) "suda" cuando un papa está a punto de morir. ¿Pero cómo? Nadie lo sabe, pero los creyentes dicen que la piedra se humedece. El cenotafio en cuestión se creó para honrar la memoria del papa Silvestre II.

Dice una leyenda urbana que los huesos del papa Silvestre II resuenan cuando un papa se acerca a la muerte.

ATRACCIONES ÚNICAS

¡TÁPATE LOS OÍDOS!

Cada día se dispara un cañonazo de fogueo desde la **colina de Janículo.** El papa Pío IX empezó la tradición en 1847 para sincronizar los campanarios de la zona. En un día tranquilo –que escasean en Roma–, el sonido se oye hasta en el Esquilino, a más de 3 km. Pero vale la pena caminar hasta lo alto del Janículo para disfrutar del espectáculo ¡y de las vistas explosivas!

La Orden de Malta es la orden de caballeros más antigua aún en activo.

VEO, VEO

Uno de los mejores panoramas de Roma se esconde tras una cerradura secreta en el monte Aventino. Seguramente sabrás que está feo espiar por el agujero de una cerradura, pero aquí puedes saltarte la norma. Atraviesa el jardín de los Naranjos y busca la puerta del **Instituto de la Orden de Malta.** (Pista: hay cola de gente esperando.) Acerca el ojo a la ventanita para sacar una foto perfecta de la cúpula de San Pedro a lo lejos, enmarcada por unos frondosos setos.

PATATAS FRITAS, HELADO Y...

Si vas a subir al tren en la **estación de Termini** y te mueres de hambre, ve al McDonald's del subsuelo: ¡de acompañamiento tendrás una ración de ruinas! Durante la construcción de la estación se descubrió este tramo bien conservado de la muralla serviana. Se levantó hace casi 2000 años para proteger la ciudad de los vecinos invasores. También se ven restos fuera de la estación, en el Coliseo y el Foro.

Los antiguos romanos inventaron una primitiva versión del cemento, mezclando ceniza volcánica, cal y agua.

LOS PELOS DE PUNTA

Al **Ospedale delle Bambole** (Hospital de las Muñecas), que a veces llaman "la tienda de los horrores", luce en el escaparate cabezas, extremidades y cuerpos de muñecas apilados de cualquier manera. Una experiencia única aguarda a los valientes que osen entrar en la tiendecita, donde unos hábiles artesanos consiguen que muñecas antiguas rotas vuelvan a la vida. ¡A veces, algunos visitantes tienen la suerte de ver el proceso!

***FOTOS:** tramo de la muralla serviana conservado en la estación de Termini (arriba); escaparate del Ospedale delle Bambole (dcha.); cañonazo diario desde el Janículo (pág. anterior arriba); espiando por la cerradura del Aventino (pág. anterior abajo).*

ES HORA DE IRNOS

UNA CLOACA CON MUCHA HISTORIA

De todas las hazañas reseñables de Roma, puede que la Cloaca Máxima sea la menos agradable. Nació como acequia del pantanoso Foro Romano y se convirtió en una de las primeras redes de drenaje del mundo. Apodada la "Gran Cloaca", transportaba aguas residuales de los baños públicos y letrinas, pero su misión principal era guiar las aguas pluviales y corrientes de los acueductos. En el **Ponte Rotto** puedes ver un antiguo salidero del agua. Cerca del Foro, junto a la basílica Julia, hay una puerta de la cloaca. Acerca la oreja para escuchar el agua y ¡respira profundamente si te atreves!

ACCESORIOS HIGIÉNICOS

Los historiadores creen que los romanos se limpiaban tras defecar con un *xylospongium*, un sencillo utensilio formado por una esponja marina atada a un palo de madera. Igual que las letrinas de banco, seguramente lo compartían. O quizá lo usaban como escobilla. ¡Ojalá no para ambas cosas!

UN RARO RETRETE

Los antiguos romanos sabían ocuparse de sus asuntos. Sí, también de 'esos asuntos'. Además de bonitas termas, alcantarillas y acueductos, los romanos tenían *foricae*, lavabos públicos. Imagínate un banco alargado con agujeros espaciados y sin puertas de separación: la gente se sentaba bien juntita en estos baños compartidos. Los residuos caían en unos desagües situados bajo los bancos. ¿Quieres verlo de verdad porque no te lo crees? Visita el yacimiento arqueológico de **Ostia Antica,** donde hallarás un ejemplo bien conservado de este primitivo váter.

***FOTOS:** vista de la Cloaca Máxima desde el puente Palatino (arriba): ruinas de unos váteres antiguos en Ostia Antica (izda.).*

ENCUENTRA LAS DIFERENCIAS

La escalinata de la plaza de España es uno de los monumentos más famosos. ¿Ves las cinco diferencias entre estas dos imágenes? La solución, en p. 140.

ENCUENTRA LAS DIFERENCIAS

Esta hermosa fuente de Piazza Navona está decorada con dragones y delfines. ¿Ves las cinco diferencias entre estas dos imágenes? La solución, en p. 140.

ÍNDICE

RECURSOS Y CRÉDITOS FOTOGRÁFICOS

Cómo moverte por la ciudad (pp. 20-31)
ATAC Roma: atac.roma.it

Lugares divertidos (pp. 32-45)
Castillo de Sant'Angelo: castelsantangelo.com
Museo para niños Explora: mdbr.it
Hydromania: hydromania.it
IKONO Roma: ikono.global
Parque de atracciones LunEur: luneurpark.it
Feria de verano Lungo il Tevere: lungoiltevereroma.it
Museo Mostra di Leonardo: mostradileonardo.com
Stadio Olimpico: asroma.com
Welcome to Rome: welcometo-rome.it

¡Vaya vistas! (pp. 46-57)
Galería y museo Borghese: galleriaborghese.beniculturali.it
Museos Capitolinos: museicapitolini.org
Cripta de los Capuchinos: museoecriptacappuccini.it
Centrale Montemartini: centralemontemartini.org
Santa Maria Sopra Minerva: santamariasopraminerva.it
Basílica de San Pedro: basilicasanpietro.va

¡A comer! (pp. 58-69)
Neve di Latte: nevedilatte.it
Pasticceria Regoli: pasticceriaregoli.com
Consorcio del queso *pecorino romano* (DOP): pecorinoromano.com
Mercado de Testaccio: mercatoditestaccio.it
Trapizzino: trapizzino.it

Epicentro de la historia (pp. 70-81)
Coliseo: thecolosseum.org
Museos Vaticanos: museivaticani.va

Maravillas modernas (pp. 82-93)
Cinema dei Piccoli: cinemadeipiccoli.com
Galleria Alberto Sordi: galleriaalbertosordi.com
Escuela de Gladiadores (Gladiator School): romegladiatorschool.com
Fábrica de chocolate Said: said.it
Vicus Caprarius: vicuscaprarius.com

Roma salvaje (pp. 94-105)
Bioparco: bioparco.it
Museo Civico di Zoologia: museocivicodizoologia.it
Santuario de Gatos de Torre Argentina: gattidiroma.net

Roma verde (pp. 106-117)
Parque Appia Antica: parcoappiaantica.it
Orto Botanico (jardín botá: ortobotanicodiroma.it
Cementerio protestante: cemeteryrome.it

Secretos de la ciudad (pp. 118-129)
Museo de las Ilusiones: moiroma.it
Ostia Antica: ostiaantica.beniculturali.it

CRÉDITOS FOTOGRÁFICOS

Ilustraciones © 2025 John Foster

8-9: Jon Bower en Apexphotos/Getty Images / **12-13:** Patryk_Kosmider/Getty Images / **16-17:** Jupiterimages/Getty Images (plaza de San Pedro); Hercules Milas/Alamy Stock Photo (Domus Augustana); iStockphoto/Getty Images (jardines Farnesio); Mustang_79/Getty Images (Foro Romano) / **18-19:** Phuong D. Nguyen/Shutterstock (gente en la parada de metro); Alexandros Michailidis/ Shutterstock (andén del metro); bbbrrn/Getty Images (señal del metro) / **20-21:** TFILM/Getty Images / **22-23:** ValerioMei/Shuttestock (Vía Apia); Tatsuo Nakamura/Shutterstock (piedra miliar) / **24-25:** sandrixroma/Getty Images (señal de ZTL); pedro emanuel pereira/Getty Images (taxis); flavijus/ Getty Images (autobuses); NOWRA photography/ Shutterstock *(tuk tuk)* / **26-27:** rarrarorro/Getty Images (tranvía); Sergey-73/Shutterstock (estación de Termini); REPORT/Shutterstock (reliquias en el metro) / **28-29:** Justin Foulkes/Lonely Planet (Piazza del Campidoglio); Dominika Zarzycka/SOPA Images/ LightRocket vía Getty Images (Arco de Constantino) / **30-31:** Jupiterimages/Getty Images (minicoche); bluesky85/Getty Images (papamóvil); Jarek Pawlak/ Shutterstock (Vespa) / **32-33:** MZeta/Shutterstock / **34-35:** Danny Lehman/Getty Images (castillo de Sant'Angelo); Wirestock/istock /Getty Images (Termas de Caracalla) / **36-37:** Anton Aleksenko/ Getty Images / **38-39:** Martin Moos/Lonely Planet (Explora); Janaka Dharmasena/Shutterstock (boceto); ChrisDoAl/Getty Images (piscina de bolas); Michael Blann/Getty Images (platea) / **40-41:** MZeta/Shutterstock (parque acuático); Stefano Tammaro/Shutterstock (LunEur) / **42-43:** Aerial-motion/Shutterstock (Foro Itálico); mikroman6/ Getty Images (Circo Máximo) / **44-45:** ROMAOSLO/ Getty Images (isla Tiberina); Photo Beto/iStock (gueto judío); Elizabeth Beard/Getty Images (Lungo il Tevere) / **46-47:** iStockphoto/Getty Images / **48-49:** iStockphoto/Getty Images (Foro Romano); Angelika Stern/Getty Images (estatua de la loba) / **50-51:** essevu/Shutterstock (terraza del Zodíaco); r.nagy/Shutterstock (Ponte Sant'Angelo); f11photo/ Shutterstock (vista de la Basílica de San Pedro) / **52-53:** Viacheslav Lopatin/Shutterstock (bustos); wjarek/ Shutterstock (esculturas de Bernini); River Thompson/ Lonely Planet (estatua); LPETTET/Getty Images (monedas) / **54-55:** John Harper/Getty Images (estatua de Marco Aurelio); liberowolf/Shutterstock (pie de mármol); Stefano Tammaro/Shutterstock (arte callejero) / **56-57:** FILIPPO MONTEFORTE/AFP vía Getty Images (catacumbas romanas); Richard Ross/Getty Images (cripta de los Capuchinos) / **58-59:** Imgorthand/Getty Images / **60-61:** Kirk Fisher/ Shutterstock (niños jugando); Nico Tondini/Getty Images (*coratella*); barmalini/Getty Images *(pecorino)* / **62-63:** Sea Wave/Shutterstock *(carbonara)*; AlexPro9500/Getty Images *(cacio e pepe);* EzumeImages/Getty Images *(bucatini)* / **64-65:** Marzia Giacobbe/Getty Images *(suppli);* piola666/ Getty Images (bocadillo de *porchetta*); Fabrizio Esposito/Shutterstock (alcachofas) / **66-67:** Catarina Belova/Shutterstock (*ristorante*); AndreyPopov/ Getty Images (*pizza*); CFEDEph/Shutterstock (bocadillo de pan de *focaccia*); Alexandra Bruzzese/ Lonely Planet *(pasticceria)* / **68-69:** New Africa/ Shutterstock (tiramisú); nelea33/Shutterstock *(panna cotta);* Alexandra Bruzzese/Lonely Planet *(gelato);* Stefano Carocci Ph/Shutterstock (granizado) / **70-71:** by Ruhey/Getty Images / **72-73:** iStockphoto/ Getty Images (Panteón); S.Borisov/Shutterstock (escalinata de la plaza de España); fazon1/Getty Images (Fontana di Trevi) / **74-75:** Danut Vieru/ Shutterstock (acueducto); Sun_Shine/Shutterstock (puerta de las catacumbas) / **76-77:** poludziber/ Shutterstock (centro hitórico); Bernard Bialorucki/ Getty Images *(edicola sacra)* / **78-79:** Mariia Golovianko/Shutterstock (plaza de San Pedro); Chanclos/Shutterstock (estatua) / **80-81:** scaliger/ Getty Images (Coliseo); Stefano Bianchetti/Corbis vía Getty Images (grabado); Jin Mamengni/Xinhua vía Getty Images (hipogeo) / **82-83:** F8 studio/ Shutterstock / **84-85:** ValerioMei/Shutterstock / **86-87:** LUIS PADILLA-Fotografia/Shutterstock (acueducto); MNStudio/Shutterstock *(nasone);* Kirk Fisher/Shutterstock (Vicus Caprarius); Matteo Colombo/Getty Images (fuente de la Barcaccia) / **88-89:** polya_olya/Shutterstock (teatro de la ópera); ANDREAS SOLARO/AFP vía Getty Images (Escuela de Gladiadores); Massimo Salesi/Shutterstock (Cinema dei Piccoli) / **90-91:** Only Fabrizio/Shutterstock (Galleria Sciarra); Phant/Shutterstock (Casina delle Civette); Yuri Turkov/Alamy Stock Photo (teatro de títeres) / **92-93:** Paolo Gallo/Shutterstock *(Apolo y Dafne);* Viacheslav Lopatin/Shutterstock (*escuela de Atenas*); Creative Lab/Shutterstock (Capilla Sixtina) / **94-95:** Photographer shooting: Architecture, Black&White, Landscapes, Nature, Outdoor, Portraits, Video/Getty Images / **96-97:** ValerioMei/ Shutterstock / **98-99:** Kirk Fisher/Shutterstock (gato atigrado); Thierry Monasse/Getty Images (santuario de gatos) / **100-101:** Gianluca Rasile/Shutterstock (león); Giorgio Cosulich de Pecine/Getty Images (taxidermia) / **102-103:** Dario Pautasso/Shutterstock (jabalí); LauraDinca/Shutterstock (zorro); Half65/ Shutterstock (nutria) / **104-105:** YKD/Shutterstock (gaviota); Traxparent Wildlife/Shutterstock (halcón peregrino); gergosz/Shutterstock (cotorra); Francesco Todaro/Shutterstock (estorninos) / **106-107:** nomadFra/Shutterstock / **108-109:** Kamira/ Shutterstock (fuentes); ValerioMei/Getty Images (lago); ncristian/Shutterstock (reloj de agua) / **110-111:** Jon Lovette/Getty Images / **112-113:** Zakhar

Mar/Shutterstock (playa); ValerioMei/Shutterstock (paseo ribereño) / **114-115:** Alina La Cat/Shutterstock (gato en una lápida); Aleksandr Medvedkov/ Shutterstock (pirámide); ValerioMei/Shutterstock (Orto Botanico) / **116-117:** Jannis Tobias Werner/ Shutterstock (Via Appia Antica); sandrixroma/ Shutterstock (parque de los Acueductos) / **118-119:** Geert Smet/Shutterstock / **120-121:** Anna Pakutina/ Shutterstock (iglesia de San Ignacio); essevu/Shutterstock (Palazzo Spada); OttoPles/ Shutterstock (columnata); Svetlana_Smirnova/ Shutterstock (ilusión óptica) / **122-123:** Vlas Telino studio/Shutterstock (Quartiere Coppedè); ValerioMei/ Shutterstock (palacio Zuccari); E. O./Shutterstock (Porta Alchemica); Sorin Colac/Shutterstock (Boca de la Verdad) / **124-125:** Alexnow/Getty Images (Santi Vincenzo e Anastasio); David Henley/Pictures from History/Universal Images Group vía Getty Images (basílica di San Crisogono); Zoran Karapancev/ Shutterstock (basílica de San Juan de Letrán) / **126-127:** foto de Massimo Valicchia/NurPhoto vía Getty Images (cañón); Matteo Gabrieli/Shutterstock (cerradura); adam eastland/Alamy Stock Photo (muralla serviana); Education Images/Universal Images Group vía Getty Images (Hospital de las Muñecas) / **128-129:** Lucamato/Shutterstock (Cloaca Máxima); Claudio Morini/Shutterstock (lavabos) / **130-131:** Nicola Forenza/Shutterstock / **132-133:** Givaga/Getty Images / **141:** DedMityay/Shutterstock

SOLUCIÓN A ENCUENTRA LAS DIFERENCIAS

Ostia es el único distrito romano que da al mar Tirreno. A lo largo de la historia, ha funcionado como base militar e importante puerto comercial.